# 这样写作文

叶守义
方立立
编著

图书在版编目(CIP)数据

这样写作文/叶守义,方立立编著. —合肥:安徽大学出版社,2024.11
ISBN 978-7-5664-2777-9

Ⅰ.①这… Ⅱ.①叶… ②方… Ⅲ.①作文课－高中－升学参考资料 Ⅳ.①G634.343

中国国家版本馆 CIP 数据核字(2023)第 233254 号

# 这 样 写 作 文
ZHEYANG XIE ZUOWEN

叶守义　方立立　编著

| | |
|---|---|
| 出版发行 | 北京师范大学出版集团<br>安 徽 大 学 出 版 社<br>(安徽省合肥市肥西路 3 号 邮编 230039)<br>www.bnupg.com<br>www.ahupress.com.cn |
| 印　　刷 | 安徽利民印务有限公司 |
| 经　　销 | 全国新华书店 |
| 开　　本 | 710 mm×1010 mm　1/16 |
| 印　　张 | 14.5 |
| 字　　数 | 260 千字 |
| 版　　次 | 2024 年 11 月第 1 版 |
| 印　　次 | 2024 年 11 月第 1 次印刷 |
| 定　　价 | 49.00 元 |

ISBN 978-7-5664-2777-9

策划编辑:杨　序　　　　　　　　装帧设计:李　军
责任编辑:杨　序　　　　　　　　美术编辑:李　军
责任校对:刘金凤　　　　　　　　责任印制:赵明炎

**版权所有　侵权必究**
反盗版、侵权举报电话:0551—65106311
外埠邮购电话:0551—65107716
本书如有印装质量问题,请与印制管理部联系调换。
印制管理部电话:0551—65106311

# 序

  语文的学习与教学颇具难度,而其中最为棘手的当属作文的教授与研习。在大众的普遍认知里,作文似乎仅仅是中小学师生所面临的任务,是中小学生在学习过程中最为艰难的板块,亦是教师教学时深感头疼的部分。然而,在我看来,从特定的层面而言,作文水平实则关联着人的综合素养与"核心能力"。任何一位出色的社会公民,都理应重视作文能力的培养。人区别于普通动物的一个显著特征就在于人具备思考能力,拥有思想,而作文恰恰是彰显人类思考能力的一项极为关键的活动。作文,就是把一个人的观察、感受、思考变成文字。观察力、感受力和表达力是写好作文的基础和前提,所以,要写好作文,既需要有丰富的感受、敏锐的观察能力和深刻的思考能力,也要有扎实的语言功底和强大的表达能力。这两个方面其实是一体两面,语言表达能力与生活认知、感受相互关联,语言表达能力和生活认知、感受相互影响,且社会认知能力制约文章写作水平。从本质上说,提高认知能力,既需要有丰富的生活经历和生活感受,又需要大量地阅读间接知识。一个人如果没有大量的阅读和生活感知,不可能丰富其思想和语言,即使是用语言表达知识和有阅读经验,也必须转化为主体感受并经过训练,才会内化为能力——这就是作文教、学困难之根本原因。我们要进一步强调的是，语言表达和认知都是有规则的，语言表达的规则和人的认知程序又是对应的，语言表达规则本质上也是认知规则。基于此，围绕作文，我们就建构了五个相关的概念：认知、语言表达与规则、内化、训练。

怎么解决作文教学和学习中的难题，既要加强对各种文体写作规律、写作方法的研究，也要加强对各种文体本质特征的研究。当人类有了语言表达和书面写作表达知识与实践之后，语言表达的规则就成为写作学者、文学理论研究者研究的重要命题，学界确实也总结了不少规律和规则。既然是一种可以形式化的规则，当然可以通过不断实践而掌握，对这些规则、规律的研究就是老师的责任和任务，而老师指导的实践过程，就是训练。一个优秀的语文老师不仅要讲授基本的、普遍的写作规则，还要善于总结更具体、可实践的规则让学生勤加练习，从而切实培养学生的观察能力、思考能力和表达能力。

在我看来，叶守义老师的这部新著，正体现了我对上述作文理念及训练方法的理解。这是一本独特的作文理论的著作，也是一本实用的作文训练教程。叶守义老师总结自己几十年名校作文教学的经验，精选20个写作专题，分三个大类，比较系统地讲解写作基础知识、基本技能、写作学习重难点，并且将知识、规则与具体经典范例结合起来，学生通过这样理论性和实践性紧密结合的培训，自然可以有效提高写作水平。其理论归纳和训练方法相对于市面上大量的作文指导著作确实有一定特色，值得推荐。

叶守义老师是安徽省中学语文教育界的名师，他长期任教于安徽省名校合肥八中，培养了一大批杰出的学生，同时，他多次应邀参加全国性的中学语文教育论坛，宣讲教学经验和教学研究成果，其思想影响也及于全国。他也是我的好友,因为我们多年一起从事一项为国选材的重要工作,他在工作中表现出的一流专业水准和良好的合作精神助力我们克服困难,年年圆满完成任务,因此给我留下美好而深刻的印象,我十分尊重他。叶守义老师的《这样写作文》即将出版,我为他又一项重要的教研新成果问世而高兴。基于我和他的友谊,更基于我对这个话题的共鸣,他嘱咐我为这本新著写两句话作为导读,作为开场,于情于理我不可推辞,故作以上拙论,仅供叶守义老师和广大读者参考。

吴怀东
2024 年 9 月

# 前 言

  作文直接反映作者的思想认识水平、价值观、思维能力、表达能力等,因而作文在学生升学考试乃至人生发展中都有着举足轻重的作用。就学生升学考试而言,作文是60分,几乎占语文卷面150分的半壁江山,"得作文者得语文,得语文者得高考"是高中生中非常流行的一句话,此话有一定的道理,某种程度上反映了作文对语文学科、对升学、对一个人成长的重要作用。

  每位学生都希望会写作文,都希望在考试中作文能得高分,可现实往往是"作文,作文,作得头疼",为何学生对作文头疼,其中一个重要原因是学生没有系统掌握作文的写法。如何突破此难题?有人说,不是有中学课本吗?不是有老师教吗?可客观现实会告诉你,目前初高中教材大多缺乏完备的写作体系构建,而普通教师亦难以在常规课堂教学里有效引导学生搭建起完整的写作框架。如此一来,写作便自然而然地成为横亘在学生语文学习之路上的一道难关,极大地阻碍了学生在语文学习中取得更为优异的成绩与更全面的素养提升。本书将尝试为学生系统地建立写作知识体系,为学好语文开辟出一条捷径。

  常言道,"名正则言顺,言顺则事举",做任何学问,当先理清核心概念的内涵,梳理出核心概念的外延,方能在后续的论述中,讲清道理。基于此,我们先给"作文"下个定义。作文是指"学生作为练习所写的文章"(摘自商务印书馆出版的第7版《现代汉语词典》1757页)。如何给作文分类,笔者认为,从表达方式上,作文主要可分为记叙文、说明文、议论文等;从作文命题上,作文主要可分为话题作文、命题作文、材料作文等;从中高考作文命题热点上看,主要包括寓意型作文、思辨型作文、任务驱动型材料作文等。

  本书围绕作文写作,设置评价篇、理论篇、实践篇三个板块,精选了20个专题,比较系统地介绍了作文写作基础知识及基本技能。第一板块是"评价篇",包括专题1—5,主要从作文评价的角度设置,分别介绍突破高考作文评分的基础等级和发展等级的方法,近20年(2004—2024年)高考作文取得高分的关键点,高考作文需规避的风险等内容,目的是做作文方向性引领,做到以评促写。第二板块是"理论篇",包括专题6—14,尝试从不同角度给作文分类并介绍各类型作文的写作要点;专题6—8主要从近年来高考命题热点角度分别介绍寓意类作文、思辨类作文、任务驱动型材料作文的写作要点;专题9—11主要从作文命题题型角度设置,分别介绍话题作文、命题作文、新材料作文等的写作要点;专题12—14主要从作文表达方式角度设置,分别介绍记叙文、说明文、议论文等写作要点,对作文类型梳理的目的是让学生对作文的体系有所认识,从而有针对性地写好相关作文。第三板块是"实践篇",包括专题15—20,主要从议论文写作实践角度分别对议论文标题、开头、结尾、主体结构、议论文论据选择、议论文说理的逻辑等方面的知识做阐述。

  同学们通过以上20个作文专题学习,相信可以帮助中学生比较系统地掌握初高中作文写作基础知识、基本技能,从而为中学生平时写作、中高考,甚至未来职场助力。

# 目录
## contents

**评价篇　会当凌绝顶，一览众山小 /1**
　　专题1　这样拿满作文基础等级分 /3
　　专题2　这样拿满作文发展等级分 /8
　　专题3　这样写近二十年高考作文 /22
　　专题4　这样把握高考作文新导向 /90
　　专题5　这样规避高考作文写作大忌 /94

**理论篇　工欲善其事，必先利其器 /99**
　　专题6　这样写寓意类作文 /101
　　专题7　这样写思辨类作文 /111
　　专题8　这样写任务驱动型材料作文 /120

专题9　这样写话题作文 /131
专题10　这样写命题作文 /136
专题11　这样写新材料作文 /141
专题12　这样写记叙文 /157
专题13　这样写说明文 /173
专题14　这样写议论文 /179

**实践篇　积诚泮群疑,实践激众喻 /183**

专题15　这样写作文标题 /185
专题16　这样写作文开头 /189
专题17　这样写作文结尾 /194
专题18　这样安排议论文主体部分结构 /198
专题19　这样选择议论文论据 /209
专题20　这样说理更有逻辑性 /213

**后　记 /220**

# 评价篇

## 会当凌绝顶，一览众山小

　　要写出高质量的作文，一要知道作文优劣的评价标准，做到以评促写；二要研究高考作文真题，从中获取命题的重点与命题规律；三要把握高考作文命题的最新导向，做到有的放矢；四要知道作文写作大忌，不要触碰写作"高压线"。

# 专题 1
# 这样拿满作文基础等级分

## 一、掌握高考作文评分基础等级标准的重要性

《罗马典故》里有句谚语,"条条大路通罗马",意思是到达一个目的地可以有多种途径,类比高考作文,可以这样理解,得高分乃至满分文章的写法可以多种多样,但有一个前提,你得知道"罗马"在什么地方,即了解作文高分乃至满分的评分标准有哪些。专题1、2将分别谈高考作文评分的基础等级与发展等级的评分标准,了解这些标准将是高考作文取得高分乃至满分的必要条件。

## 二、高考作文评分基础等级标准有哪些

### (一)两级评分制

高考作文考试的评价要求分为基础等级和发展等级。基础等级包括"内容"与"表达"两部分,各占20分,合计40分;发展等级占20分,作文合计60分。"内容"主要指"立意""中心"与"感情","表达"主要指"语言""结构"与"书写"。

基础等级标准细分为六项。

**1. 符合题意**

"符合题意"指能准确、全面地审题。下笔前,要认真研读作文的材料语、提示语、要求语。对作文命题类型、立意、拟题、写作思路、作

文提纲要有个准确的把握。

**2. 符合文体要求**

"符合文体要求"包括两层意思：一是符合试题规定的文体要求；二是符合自己选定的文体要求。高考作文的"要求语"中一般有"文体自选"的语句，虽然这句话给了考生选择文体的自由，但这并不意味着淡化了文体意识，而是要求考生在选择了某种文体后，必须按这一文体的规范去写作。关于文体选择，不建议盲目用所谓的新文体。一般而言，尽量选择议论文，从高考评卷实际来看，选择记叙文、说明文，或者选择诗歌、戏剧、抒情散文等往往不易得高分，考生在选择文体时要慎之又慎。

**3. 感情真挚，思想健康**

"感情真挚"要求文章表达的感情自然、真诚，不矫揉造作、无病呻吟。"思想健康"要求文章中表达的思想观点和感情倾向健康、积极，符合社会道德规范和主流文化导向。简言之，高考作文要传播正能量。

**4. 内容充实，中心明确**

"内容充实"要求文章言之有物，单纯从字数而言，写850~950字比较合适。"中心明确"要求文章有清晰明确的统领所有材料的中心。文章中的核心关键词要多次出现。

**5. 语言通顺，结构完整**

"语言通顺"要求文章语言规范、准确、连贯。"结构完整"要求文章有头、有尾、有主体部分，做到条理清楚，能做到过渡自然，前后照应，说理要有逻辑性。

**6. 标点正确，不写错别字**

"标点正确"要求文章中标点符号使用正确、规范，考生要准确掌握七种点号、九种标号的使用规范。另外，从高考评卷实践来看，关于标点以下几点考生要特别注意:首格不能有点号,段尾要有句末标点,不能一逗到底,不能用英文标点。"不写错别字"要求文中使用现行规范汉字,书写正确,如果有错别字,每一个错别字扣1分。

(二)高考作文评分的五个维度

|  |  | 一类 | 二类 | 三类 | 四类 |
|---|---|---|---|---|---|
| 一维 | 立意 | 深刻 | 正确 | 基本正确 | 不正确 |
| 二维 | 中心 | 突出 | 明确 | 较明确 | 不明确 |
| 三维 | 结构 | 严谨 | 完整 | 较完整 | 不完整 |
| 四维 | 语言 | 流畅 | 通顺 | 较通顺 | 不通顺 |
| 五维 | 书写 | 美观 | 工整 | 较工整 | 不工整 |

【例】(2023年高考语文新课标Ⅱ卷)

阅读下面的材料,根据要求写作。

本试卷语言文字运用Ⅱ提到的"安静一下不被打扰"的想法,在当代青少年中也不鲜见。青少年在学习、生活中,有时希望有一个自己的空间,放松,沉淀,成长。

请结合以上材料写一篇文章。要求:选准角度,确定立意,明确文体,自拟标题;不要套作,不得抄袭;不得泄露个人信息;不少于800字。

 经典范例

## 自由空间,茁壮成长

### 安徽一考生

青少年希望安静一下不被打扰,在学习、生活中有时希望有一个自己自由的空间,在其中放松、沉淀、成长。正如爱因斯坦年轻的时候经常去咖啡馆,和朋友一起,边喝咖啡边谈论学术问题,很多好的思想都是从咖啡馆中交流得到的。自由的空间也能使我们青少年茁壮成长。

首先,要明白自由空间是什么。自由空间当然可以是物质上的某一片区域,我们在这个空间可以很放松,比如,书房。我们在其中可以静坐修身,省自身之过而笃行不怠,不断提升自己的素养和能力;不过,自由空间也可以是精神上的,比如某种兴趣爱好,阅读、音乐等等,在这种空间中也可以使青春更美好的绽放,绽放出奋发向上的活力,绽放出朝气蓬勃的气质,是面向未来的成长,更是一种对希望和梦想的召唤。

　　其次,为什么需要有自由空间呢?现代社会节奏很快,青少年需要放缓节奏,培养信仰。大国工匠林鸣的自由空间便是对桥的热爱与贡献。他和他的团队,担责不推,担险不惧,担难不退,终筑成跨海长虹——港珠澳大桥,用一片丹心谱写了"三战伶仃洋"的壮歌。而一句"桥的价值不在于承载,而人的价值在于担当"便是他青春的信仰。有了信仰,才能茁壮成长,而在自由的空间中我们可以培养能力,培养信仰,砥砺"时代辙印",保持"路漫漫其修远兮,吾将上下而求索"的奋斗精神。

　　最后,该怎样在自由空间中茁壮成长呢?在自由空间要培养大爱情怀,提升自我,茁壮成长。时代楷模黄文秀是一名在脱贫攻坚一线挥洒血汗、忘我奉献的基层党员干部的缩影。因为有爱,她心地善良,性格阳光;因为有爱,她乐观向上、自由进取;因为有爱,她在研究生毕业后义无反顾地从繁华都市来到偏僻农村,从乡镇机关到扶贫一线,用行动与青春诠释了共产党人的初心和使命,谱写了新时代的青春之歌。在自由空间中,有大爱在心中,我们茁壮成长。

　　值得注意的是,自由空间并不等于自由自在,无法无天,也不是与社会隔绝,一人处其中。自由空间是我们身体得到放松的地方,也是灵魂得到净化和洗礼的处所。在自由空间里要培养信仰,培养大爱情怀,茁壮成长,更好地为国家和社会作贡献。

　　身逢盛世,肩负重任。我们广大青少年应珍惜韶华,不负青春。在自由空间中历练,茁壮成长。将自由空间融入国家发展之中,更能实现精神上的成长与飞跃,将人生之缤纷色彩绘画在民族复兴的画卷之上。

范例点评:这是篇规范的议论文,立意符合题意,感情真挚,思想健康,内容充实,中心明确,语言通顺,结构完整,标点正确,无错别字,完全符合基础等级的各项要求,基础等级可以赋满分。标题抓住作文核心关键词"空间""成长",开头由材料、情境切入,摆出观点,简洁明了;主体部分回答了什么是自由空间,为什么要有自由空间,怎样在自由空间中茁壮成长三个核心问题,层次清晰,思维螺旋上升,有逻辑性;所用林鸣、黄文秀等论据典型、新颖,可以看出作者的正确价值取向;结尾发出号召,与标题、开头照应,结构严谨,观点明确。

# 专题 2
# 这样拿满作文发展等级分

## 一、掌握高考作文评分发展等级标准的重要性

商战中有句流行语,"人无我有,人有我优,人优我精",意思是别人没有的产品,我做到有;别人有的产品,我做到优质;别人产品优质,我做到精良,商业的这句名言是商战中制胜的法宝。类比高考作文,可以这样理解,其他考生作文不规范,不合要求时,我做到规范,合要求,比如字数要写满 800 字;别人合要求时,我做到满足基础等级的所有要求,即立意、中心、结构、语言、书写不出差错;别人基础等级也合要求了,我就要在"发展等级"上下足工夫,满足"发展等级"的一点或者多点,做到有特色,有亮点,即发展等级中四大点中的 16 小点中的某一个点或者几个点特别抢眼,从而作文拿到高分或者满分。一言以蔽之,作文发展等级分数的高低往往是高考作文能否拿高分乃至满分的关键因素。

## 二、高考作文评分发展等级标准有哪些

高考作文发展等级有四项,即深刻、丰富、有文采、有创新。"深刻"最重要。发展等级共 16 个评分点(透过现象深入本质,揭示事物的内在关系,观点具有启发作用。材料丰富,论据充分,形象丰满,意境深远。用词贴切,句式灵活,善于运用修辞手法,文句有表现力。见

解新颖,材料新鲜,构思新巧,推理想象有独到之处,有个性色彩)。评卷时采用一点评分法。所谓一点评分法,就是以16个点中最突出的一点来评分,有一点突出就可以得分,直至得到满分20分。16个点中前三个点(透过现象深入本质,揭示事物的内在关系,观点具有启发作用)要作为重点。

(一)高考作文发展等级四大项

高考作文发展等级四大项分别是深刻、丰富、有文采、有创新。

(二)高考作文发展等级16小项

"深刻"有3小项:透过现象深入本质,揭示事物内在的因果关系,观点具有启发作用。

"丰富"有4小项:材料丰富,论据充实,形象丰满,意境深远。

"有文采"有4小项:用词贴切,句式灵活,善于运用修辞手法,文句有表现力。

"有创新"有5小项:见解新颖,材料新鲜,构思新巧,推理想象有独到之处,有个性色彩。

### 1. 如何做到"深刻"

高考作文的发展等级有四个要求:深刻、丰富、有文采、有创新。这四个要求并非简单的并列关系。其中,"深刻"是针对考生作文的思想性而言的,而"思想"又是高考作文的灵魂。

假如把一篇高考作文比作一棵大树,那么"深刻"是根,"丰富""有文采""有创新"是枝叶,根深方能枝繁叶茂。当然,如果没有"丰富""有文采""有创新"的外在优美表现,"深刻"也只剩下空洞的口号和句子,作文同样没有了生气和美感。

高考作文的"深刻"应围绕"立德树人"的宗旨,要学会穿透生活的表象,体验思考和感悟生活情境,对生活、社会、人生有理性认识与思考,从而使作文立意深刻,达到发展等级。

具体而言,做到以下几点才能深刻。

(1)辩证思考,立意深刻。高考作文重在考查学生的思维品质,思维品质决定了审题立意的高度和厚度。考生审读作文题目时,需要辩证思考,才能精准而深刻地理解题目意蕴和命题意图,在作文中做到见解新颖独特、有哲理、对人有启发性。辩证思考就是运用高中政治课本中的哲学基本原理,即联系的观点、发展的观点、一分为二的观点、对立统一规律、量变质变规律、否定之否定规律等,尝试在内容和形式、现象和本质、原因和结果、可能性和现实性、必然性和偶然性五大范畴去理性分析问题,进而获得独到的见解和感悟。

(2)以小见大,论证深刻。近年来高考作文题目频繁出现宏大主题,如2017高考语文全国卷Ⅰ的作文题,从12个"中国关键词"中选择其中两三个关键词来呈现你所认识的中国,写一篇文章帮助外国青年读懂中国。2018年高考语文全国卷Ⅰ"世纪宝宝"与18年后的宝宝对话,谈追梦、圆梦,时代发展,对未来畅想等。2021年高考语文全国乙卷的作文题"谈青年实现理想途径",2022年高考语文全国乙卷的作文以"跨越,再跨越"为主题写一篇文章,2023年高考语文新课标Ⅱ卷的作文题关于"青少年在学习、生活中希望有一个自己的空间"等。

然而,学生在写宏大主题作文时往往找不到合适的切入点和突破口,作文里多是口号句子,大而空的表达让人生厌。如何让宏大主题作文写得"深刻"呢?笔者认为,避免"假、大、空",应该"真、小、实",采用以小见大的方法,通过富有社会生活情味和真情实感的内容展现宏大主题。

### 2. 如何做到"丰富"

"丰富"是高考作文发展等级的第二项要求,包括四个能力考查点:①材料丰富②论据充实③形象丰满④意境深远。这是对文章内容方面的要求。

"材料丰富",是针对各种文体的要求,即材料种类多或数量大,可使文章内容充实、中心突出、引人入胜。

"论据充实",是针对议论性文章写作的具体要求,即道理论据、事实论据要完备,选取材料具有广泛性、丰富性。议论文论据如何做到充实?首先,做到论据古今中外搭配使用,从而让论点具有穿越时代、国界的强大力量;其次,正面论据与反面论据形成鲜明对比,让文章主题在对比中得到强化;最后还要注意论据的详略结合与事理结合。

"形象丰满"和"意境深远"主要是针对记叙类、抒情类文章写作的要求,或描写具体逼真,或叙事曲折有致,或形象丰满生动,或意境深远,余味无穷。

### 3. 如何做到"有文采"

(1)考场作文有文采的四条标准:①用词贴切。富有表现力,语言生动活泼、简明有趣;②句式灵活。富于变化,各种句式能灵活地穿插运用;③善于运用修辞手法;④文句有表现力。文句要有内容、有情感、有哲理。"用词贴切",首先表现为对词语的选择和锤炼。

如:讲究辞藻美。遣词造句生动、活泼,巧妙运用动词、形容词、修饰语、叠字、叠词等;词语丰富。同义词使用准确,富于变化;反义词运用得当而又对比鲜明;用词还要讲究自然、优美,不造作,机智幽默,充满情感。

"言之无文,行而不远",善于运用修辞无疑是使语言有文采的重要手段。排比句,给人以一泻千里的气势之美;对偶句,给人以音韵和谐的整齐之美;比喻句,给人以生动传神的形象之美;设问句,给人以思考激发阅读兴趣之美;反问句,给人以不容置疑的铿锵之美;比拟句,给人以可亲可近、鲜活灵动之美。

做到"文句有表现力",可以引用诗词、名言,提高文章的文化内涵和文学性。"文有诗书气自华",引诗词、名言入文不仅可以使语言大放异彩,而且也会显示出考生深厚的文学功底。另外,不要单纯使用肯定句,不妨也穿插一两句否定句、双重否定句;不要只是使用主动句,不妨也穿插一点被动句;不要总是使用正常语序,不妨也穿插一些倒装句;不要全使用陈述句,不妨也穿插些许祈使句、感叹句、疑问句;不要全盘使用短句,不妨也穿插几句长句。

"物相杂,故曰文",文章语句要注意整散结合。一篇文章中如果全用散句,就难免单调、散漫,如果全用整句,则显得语言呆板,甚至有些做作。若在散句中杂以庄重有力、匀称工整的整句,往往会使语言显得既活泼、参差,又谨严、工整,读来有一种洒脱与精致相结合的整饬美。

示例:双翼与蓝天和谐,鸿鹄因而得以展翅高飞;树根与大地和谐,树苗因而长成参天大树;人与人之间因为和谐相处,因而人类得以无尽繁衍、生存。和谐缔造完美!

### 4. 如何做到"有创新"

阅卷老师希望看到的是有思想、有创意的作文。钱学森生前感叹当时的中国学校为什么培养不出杰出人才,根源在于这些学生的创新能力不够。这是有深刻原因的,其中应试教育是一个重要原因。一个人思想上没有创见,人云亦云,注定是没有前途的。所以如果一个考生在作文中能够表现出有思想、有创见,是肯定会受到阅卷老师青睐的。

(1)考场"有创新"评分标准

①提出的观点不人云亦云,思考分析问题的角度与众不同,有独到的看法、主张;

②构思新巧,分析推理方法有特色,运用材料有新鲜感,语言表达风格鲜明。

(2)如何使作文有创新

①立意求新。反弹琵琶往往是立意创新的一个有效途径。

示例:癞蛤蟆想吃天鹅肉——痴心妄想。

立意:反弹琵琶——"癞蛤蟆想吃天鹅肉"表明癞蛤蟆有远大理想,无可非议,人也应学习癞蛤蟆,做到有理想,有追求。

②选材求新。材料新,有新的故事、人物、景象等,也能打动人,给人新的启发。

示例:说到堪称民族脊梁的科学家,不一定只写张衡、祖冲之等古代的,也可以写新时代的科学家,比如钱学森、叶笃正、屠呦呦、黄旭华等,他们都是近些年感动中国的人物。

③形式求新。形式上的出新最容易出彩,许多成功的文章,即使思想、材料都不算新,但如果在文体、结构、语言、标题等方面有创意,也会吸引读者。比如标题运用对偶句就能给人耳目一新之感。

④表达求新。写作的个性化从某种意义上讲表现为语言的个性化。

【例1】(课堂习作)

阅读下列材料,按要求作文。

孔子有个学生看到一个孩子掉进湍急的河里,就奋不顾身地跳下去把他救起。这个小孩的父亲送他一头牛表示感谢,他高兴地接受了。大家议论纷纷,认为他太贪心。孔子却对他说,你做得对,因为你的行为向社会宣告:只要冒着危险救了人,无论多大的奖赏都可以收下,这样可以鼓励更多的人去救人。

春秋时鲁国政府有一条规定,鲁国人到国外旅行,凡是看见在外国沦为奴隶的本国人,可以先垫钱把他赎回来,回国后再到政府去报账。孔子的一个学生赎人后却没有去报账,人们夸他品格高尚。孔子却严厉地批评他,说他的行为妨碍了更多的鲁国奴隶被赎回来,因为人们假如垫钱赎了奴隶,不报账自己会蒙受损失,而报账了则说明自己的品格不如孔子的学生,于是以后只好假装没有看见。

要求:不要脱离材料内容及含意作文,自主立意,自定文体,自拟标题,不少于800字。

 经典范例

## 道德旗帜下的沉思

佚名

抚卷于案,对孔子的话颇感不解:义救鲁奴而不报账的学生受到孔子的责备,却表扬一位救人一命收下谢礼的学生。掩卷沉思,方觉意义深远。

看问题与做事情都应以谁为最大受益者为出发点。收下谢礼的学生虽然收了贵重的报酬,但最大的受益者是国家和社会。孰大孰小,已不言而喻。其实,道德与利益的关系并不完全对立,只是我们有时在心中高高树起了道德的旗帜,才使我们对一切与之稍有偏差的行为做出了错误的判断。

古人云:"格超梅之上,品在竹之间;德馨心必正,质雅品自高。"的确,道德是高尚的品格。从古至今,道德就是永恒的话题。无德者不立,道德始终是做人的基础。但是,我们在推崇道德时往往过于偏激,好像道德与金钱是天生的"不共戴天"的仇人,于是评价某个人的道德是否高尚时总要把所有的目光都聚集在金钱上。这是不理智的,甚至

可以说是完全错误的。

千禧之年,袁隆平教授接受了500万元的首届"最高科学荣誉奖"。这能说明他没有道德情操吗?不能。袁隆平的杂交水稻技术的推广,让中国,也让世界多养活了亿万人。比之于袁隆平的贡献,这500万实在是微不足道的奖励。国家之所以设此重奖,是想让世人明白中国是个尊重人才的国家,从而吸引更多的本国人才、留学者和外籍科学家来我国工作。孰大孰小,早已不言而喻。

奥运会上,中国运动健儿取得了很多历史性突破,奥运会后国家重奖了获得金牌的运动员。这件事引发很多议论,责难之声不时充盈于耳。但也有不少人认为重奖是一种催化剂,可以激励更多的运动员创造佳绩。我们不能认为运动员拿了奖金就是丧失了道德。女排姑娘们不是就集体把奖金捐给了慈善机构吗?

当然,我们也不能见利忘义,而应该正确看待和处理道德与利益的关系。处理好道德与利益的关系,在市场经济形势下尤为重要。我们不应偏颇地用道德概念看待利益问题,更不应唯利是图地看待和处理道德问题。

亲爱的朋友,让我们用理智去审视利益,用理智去维护道德吧!

范例点评:这是一篇发展等级"深刻"的经典范例。本作文是一篇新材料作文,作文材料由两则故事构成,分别讲述了孔子对待两位学生做好事之后的不同态度。此文立意运用了求同与求异思维作了辩证分析。求同——孔子两学生不是为了利而做好事;求异——第一则材料孔子赞成学生做好事后接受利,以鼓励更多人做好事;第二则材料孔子反对学生做好事后"不报账",认为这会阻碍他人做好事。据此,作者生发出道德旗帜下"看问题与做事情都应以谁为最大受益者为出发点",即做事不仅要考虑个人的义务与道德得失,更要考虑社会影响与社会责任的观点。此立意深刻透辟,完全符合材料含意。

【例2】(2021年高考语文北京卷)

从下面两个题目中任选一题,按要求作答。不少于700字。将题目写在答题卡上。

(1)每个人都生活在特定的时代,每个人在特定时代中的人生道路各不相同。在同一个时代,有人慨叹生不逢时,有人只愿安分随时,有人深感生逢其时、时不我待……

请以"论生逢其时"为题目,写一篇议论文。

要求:论点明确,论据充实,论证合理;语言流畅,书写清晰。

(2)瓜熟蒂落、羽翼丰满,这是草木鸟兽成熟的模样;但对我们而言,真正的成熟却不仅仅指身体的长成……

请以"这,才是成熟的模样"为题目,写一篇记叙文。

要求:思想健康;内容充实,有细节描写;语言流畅,书写清晰。

 经典范例

## 论生逢其时

北京一考生

古有李太白生逢太平,酒入豪肠、秀口一吐就是半个盛唐,今有我青年生逢盛世,闻鸡起舞、肩负重任成栋梁;古有北宋张载《横渠四句》"为天地立心,为生民立命,为往圣继绝学,为万世开太平",今有习近平总书记对新青年"立大志、明大德、成大才、担大任"的谆谆教诲。时代青年身在盛世,生逢其时,天将降大任于是人也,应是时不我待,应是勇担时代重任,应是发奋图强做栋梁。

生逢其时,青年应秉承先人之精神。时代赋予先人"三牛"精神,是那为民服务、"两袖清风来去"的焦裕禄,为官一任,造福一方,俯首甘为孺子牛;是那研发5G、自主制造芯片的华为,将中华有为宣告四方;是那一位位投身于脱贫攻坚战的扶贫工作者们,他们与当地农民

携手同行,为改变当地农村贫困落后面貌,提高生活水平而努力着。伟大的精神永不磨灭,坚定的初心需要新一代去践行。今新时代青年,身在这盛世,当大力发扬、传承这些精神,不断完善自我。

生逢其时,青年应有所担当。"每一代人有每一代人的长征路,每一代人都要走好自己的长征路。"这是习近平总书记在纪念长征胜利80周年大会上的讲话。正如鲁迅先生执笔为利剑,用《药》《狂人日记》等白话文小说抨击封建社会;正如百年前,赵世炎、郭钦光等青年学子在祖国危急存亡之际,挺身而出,坚决拒绝签署卖国条约。他们接下了时代的殷殷嘱托,负重前行。历史的接力棒已经跨越空间与时间,来到我们青年一代的手中,我们应以实现中华民族伟大复兴为己任,以他们为标杆,不负党,不负人民,不负这伟大的时代。

生逢其时,青年应发愤图强。"征途漫漫,唯有奋斗。"看那承载了中国共产党的一艘小红船,穿过激流险滩,越过惊涛骇浪,终成了领航中国行稳致远的巍巍巨轮;看那医务工作者携手人民,众志成城,用全力以赴写下了抗疫史诗;看那脱贫攻坚的奋斗者们,一往无前,向贫困发出总攻,吹响胜利的号角。少年强,则国强。青年一代不仅要胸怀千秋伟业,更要拿出"咬定青山不放松"的韧劲,激扬"中流击水""奋楫前行"的干劲,发愤图强,生命不息,奋斗不止。

瞻顾往昔,也看今朝。新时代青年,生逢盛世,肩负重任。看我青年挥斥方遒,奋发向上,不负韶华!

范例点评:这是一篇发展等级"丰富"的经典范例,考生聚焦并立足于"生逢其时",首段通过古今融通而入题,点出生逢当今时代的意义,然后围绕青年如何实现人生价值、如何不辜负这个伟大的时代进行论述,气脉贯通,酣畅淋漓。全文章法严谨,过渡自然。文章所举事例丰富,涵盖"五四"时期到当下中国百年史实,视野宏阔,富有历史的纵深感;名人名言接连不断,主体部分说理段落构成排比,说理有气势,不可置辩。

**【例3】**（2003年安徽省中学生作文竞赛）

请以"平庸与快乐"为话题，写一篇不少于800字的文章，文体自选，立意自定。

 经典范例

## 快乐馨香
### 安徽某考生

秋夜望月，独叹"月圆人难圆"是一种寂寞的快乐；冬晨观雪，感叹"千里冰封，万里雪飘"是一种壮阔的快乐；成功时，颂唱"春风得意马蹄疾"是一种潇洒的快乐；失意时，低吟"天生我才必有用"是一种自信的快乐。快乐于自然，于是，"采菊东篱下，悠然见南山"；快乐于生活，于是，"矮纸斜行闲作草，晴窗细乳戏分茶"；快乐于人生，于是，"宠辱不惊，观庭前花开花落"；快乐于永恒，于是"自其不变者而观之，则物与我皆无尽也，而又何羡乎？"

快乐是一种生活理念，是一朵萌生于精神花园，茁壮于真情雨露，绽放于生命暖阳的茉莉。它的馨香清纯恬淡，如同婴孩纯美的微笑，润泽着你我的生命图腾。

有人说"平庸为快乐之本"，诚然，这一说法有其正确的一面。平庸离平凡最近，淡泊以明志，宁静而致远，是简单生活，简单思索，简单行走于生命长廊的本源。

但是，平庸就一定快乐，快乐必须平庸吗？

平庸是一种生存状态，快乐是一份生活情绪。平庸者或许拥有更多的时间去品味简单的快乐，但并不代表其会开辟更广阔的空间去寻觅更崇高的快乐法则。否则，怎会有"世上本无事，庸人自扰之"的说法呢？有一些人，际遇的平坦和简单让其失去了搏击命运的自信，生活的平庸和碌碌无为让其丧失了平和恬淡的心绪，于是，他们就囿于

自己亲手织就的迷茫中惶惶而不能终日。这些平庸者难道快乐吗?

相反,许多成功者正是在追求成功的过程中领悟到了快乐的真谛,嗅闻到了快乐的馨香。一位著名的芭蕾舞演员在接受采访时,展示了自己因练功而导致畸形的双脚。她淡淡一笑,说:"当我开始了舞蹈,浓郁的快乐和幸福之感便会让我忘却了肉体上的痛苦。"作为艺术家,她是成功的,她轻盈的舞姿和灵动的舞步让人痴迷;作为平凡人,她是快乐的,她将自己的全部生命融入了艺术的天堂。

因此,平庸并不是快乐的基石,快乐也并非困囿于平庸之中。但平和的心态却能在任何时候唤醒快乐的精灵,引领你我在心海遨游。

也许你会选择建功立业,名垂青史;也许你会选择平凡工作,简单生活;也许你会选择纯然幸福,安居乐业;也许你会选择适心任性,四海漂泊。但无论你的选择怎样多变,为了快乐,你必须选择心态平和。为自己创造一片恬静怡然的精神天空,去吮吸快乐酿成的芳蜜。

如果春晨的蓓蕾能擦亮你的眼睛,如果夏夜的鸣蛙能唤醒你的耳朵,如果秋雨的凄清能引出你心底的缱绻情思。如果冬日的温暖能复苏你怀中的沉睡诗情。如果工作的繁忙也不会让你一味地叹息,如果生活的芜杂也不会让你整日哭泣,如果际遇的平庸也不会抹杀你胸中的激情,如果命运的多舛也不会蒙上你求索的双眸,那么你已拥有了平和的心态,那么,你就是个快乐的人。

平庸不是我们靠近快乐的阶梯,平和的心态才是快乐的真正源泉。

愿平和的心态占据我们的心灵,愿快乐的馨香弥漫你我的全部生命。

范例点评:这是一篇发展等级"有文采"的范例。此文富有哲思,对快乐有独到的认识,给人以启发。此文运用了大量排比句、比喻句,大量的整句,还引用了大量经典的诗句来论证说理,很有文采。排比句的运用增强了说理的气势,比喻论证使得深奥的道理更易感知和形象化。

【例4】（课堂习作）

以"中学生早恋"为话题，写一段500字左右新颖别致的话，写出"中学生早恋"的危害性。

 经典范例

## 各科老师如是说

佚名

语文老师：早恋是一朵在严寒中绽放的玫瑰，有的只是短暂的娇艳美丽，可它很快就会凋零。早恋就像莫泊桑的小说《项链》里的主人公玛蒂尔德的那串钻石项链，虽然有一时的快乐，随之而来伴随的是十年的辛酸。

数学老师：在你们这个年龄，学习＞爱情。早恋是那道令人费解的哥德巴赫猜想，也是永远也解不完的π。快悬崖勒马吧，否则在高考中，你们会因不符题意而被舍去。那时的痛苦将会是一时快乐的亿次方。

生物老师：早恋是大脑中的多巴胺和苯乙胺在作怪。你们迟早会产生抗体的。早恋就像囫囵吞枣，总有一天会影响你们的健康。

政治老师：早恋是违背事物发展规律的。存在的不一定是合理的。我们要透过现象看本质，自觉地树立正确的思想意识，杜绝早恋。

化学老师：真搞不清你们之间有什么催化剂，反应速率如此之快。不过，早恋就像有毒的氯气和不稳定的碳酸氢钠，是有害而又多变的。

物理老师：异性相吸没错，可那是针对磁和电的，而且你们之间的万有引力小得可以忽略。到底是什么作用力让你们脱离了各自的轨道呢？

音乐老师：早恋是人生绚丽的乐章中一段不和谐的旋律，如果出现了，我们应当尽快画上休止符。

英语老师:早恋是 a green apple,虽然 beautiful,但是 not delicious,所以我劝你们不要 pick it up。早恋是一件 bad thing,应当尽快 stop。

地理老师:早恋就像独自攀越珠穆朗玛峰,徒步穿过撒哈拉大沙漠,是盲目而没有结果的。

历史老师:古往今来,你们见过因早恋而名垂青史的吗?不过我们要好好研究一下早恋的背景和结局,分析分析原因,尽快让早恋成为古董。

范例点评:这是一篇发展等级"有创新"的范例。本文围绕"早恋"展开话题,有条不紊地写出了十科老师对中学生早恋现象的评说,人物语言职业化、学科化,专业用语与非专业用语融为一体,新颖别致,实属难能可贵。

# 专题 3
## 这样写近二十年高考作文

【例1】(2024年高考语文新课标Ⅰ卷)

阅读下面的材料,根据要求写作。

随着互联网的普及、人工智能的应用,越来越多的问题能很快得到答案。那么,我们的问题是否会越来越少?

以上材料引发了你怎样的联想和思考?请写一篇文章。

要求:选准角度,确定立意,明确文体,自拟标题;不要套作,不得抄袭;不得泄露个人信息;不少于800字。

 写作指津

作文类型:2024年高考语文新课标Ⅰ卷作文为任务驱动型材料作文。这一命题方式延续了2024年1月份教育部命制的适应性考试的作文方式。试题着力考查学生探索性、创新性的思维品质,激发学生崇尚科学、探索未知的兴趣,引导学生借助语言文字解决真实问题,学会沟通、善于表达。试题言简意赅,不在审题立意上设置门槛,让不同层次的学生结合生活体验或社会议题都能找到写作切入点,引导学生深入思考、个性写作,助力拔尖创新人才培养,此命题立意将是今后若干年的命题热点。

材料解读:本题材料由两句话组成。"随着互联网的普及、人工智能的应用,越来越多的问题能很快得到答案"这句话,聚焦于在科技发展应用的背景下"遇事不决问搜索"这一人人皆知且时时为之的常见现象;而"我们的问题是否会越来越少"则把话题导入"答案与问题"这一对核心概念。材料以问句作结,结合引导语"以上材料引发了你怎样的联想和思考?"可知,本题并不局限于要考生就问题本身回答"是"与"否",而重在考生的"联想和思考"上。题面文字简洁,指向明确,审题难度不大;话题发人深省,意蕴丰富,给写作留下了充分的思考空间。

本题具有较强的思辨性,考生可以思考的维度很多:比如问题的"多与少",随着互联网的普及、人工智能的应用,越来越多的问题能很快得到答案,但人类还在不断思考,伴随着旧问题的解决,新问题会不断产生,推动人类不断迈上新台阶。又如问题的"浅与深",最容易借助互联网和人工智能迅速得到答案的,往往是知识性的问题,而更深层次的开放性问题、复杂性问题、涉及价值判断等问题,却很难直接通过互联网和人工智能找到答案。"浅问题"的迅速解决会助推人类更好地向"深问题"探寻。再如问题的"得与失",当越来越多的问题能很快得到答案,人类是否会变得习惯于让机器代替思考?缺少了知识的积累过程和难题的探索过程,人们是否会越来越丧失提问的能力?表面的"问题"少了,但深层的"问题"是否会更加严重了呢?本题立足于对学生创新性思维品质的培养,考生可以就某个论题加以充分论证或对某种现象进行深度剖析,甚至也可以从更为乐观和积极的角度去畅想未来科技的发展。一篇回应时代之问的议论文、一篇感悟独具特色的记叙文、一篇情真意切的抒情文,都是本题的合适表达。

此材料的核心关键词:"互联网""人工智能""问题""答案"

核心任务:"互联网"或者"人工智能"+"问题"

 经典范例

## 人工智能并非万能之物

浙江一考生

非常欣喜地看到,随着互联网的普及,人工智能在金融、教育、医疗等许多领域得到应用。可以说,人工智能的应用给我们的日常生活带来了很大便利,也使很多棘手的问题迅速找到了答案。可人工智能的出现,人类社会所面临的诸多问题会逐渐变少吗?

答案是否定的,因为人工智能并非万能之物。

首先从人工智能的本身看,人工智能是一门研究和开发能模仿人类智能的计算机系统的科学。作为一项技术,我想人工智能和其他技术的本质是一样的,其研发动机和应用目的都是为我们人类社会提供服务的。它的出现,将使人们的工作效率大幅度提高,人们的生活也变得更加便捷、高效和美好,这一点毋庸置疑,只不过人工智能与以往的科技应用大不相同,它是人类历史上史无前例的一次高新科技革命,是人类文明高度发展的产物,其应用领域之广泛、功能作用之强大、变革程度之纵深,都将超越前面任何一次科技革命。蒸汽时代、电气时代和计算机时代的到来,都分别使人类文明前进了一大步。所以在这次人工智能浪潮到来的峰口,科学家们都感叹,人工智能具有广阔的应用前景。还有,人工智能仅是模仿人类智能,它还不能也不可能完全代替人类智能。既然这样,人工智能虽然能迅速解决人类的很多问题,但不能解决所有的问题,况且在它解决旧问题的同时还会滋生许多未曾遇到过的新问题,比如人的隐私、就业、价值取向和人工智能的控制等问题。所以说,人工智能没有那种使人类问题减少的本领。

其次，从人类认识事物的客观规律来看，人工智能属于当前社会的新事物，新事物的产生自然会给人们带来新鲜感和期望指数，因为人们一方面不了解它，另一方面又想迫切认识它，这种猎奇的心理常常会遮蔽新事物的瑕疵。另外，新事物所产生的一些新问题只有在实践应用中才会不断暴露并被发现解决。还有，人工智能应当是人类脑科学与计算机技术相交融而产生的一种新兴交叉学科，人工智能则是这种交叉学科应用研究的早期产物。从事物发展的早中晚阶段来看，当前人工智能的应用技术属于第一代，与若干年后的第 N 代相比，肯定存在许多缺陷与不足，这些缺陷与不足也就说明人工智能也是在不断发展中逐渐完善的，它并非尽善尽美，更不能解决人类面临的所有问题。

最后，从人类自身发展需求来看，人类作为一种高级动物，对外物的需求和人类社会发展规律的探索是不断向前的。当人的某一问题需求得到解决后，他的探索脚步并不会就此停止，相反，他会朝着更大、更广、更深的未知领域迈进。人工智能的应用仅是人类探索史上的一个缩影。生命不息，探索不止。当下，我们中国的载人航天事业与古人的"飞天梦"相比，简直是一个神话，那么现在，我们中国航天事业所面临的问题是不是就越来越少了呢？

由上观之，人工智能仅是一项高新技术，它的应用能迅速提供我们生活中很多问题的答案，但它不能使人类的问题越来越少。因为，人工智能。

范例点评：本文紧紧扣住本次作文的核心关键词"人工智能""问题""答案"来写，所谈的问题是互联网普及、人工智能广泛应用时代背景下的问题，问题具有针对性，且问题的提出、问题的阐述很有条理性、逻辑性、思辨性。本文立意深刻，切合题意，结构严谨，语言流畅，完成了本材料作文的所有写作任务。

**【例2】**（2023年高考语文新课标Ⅱ卷）

阅读下面的材料，根据要求写作。

本试卷语言文字运用Ⅱ提到的"安静一下不被打扰"的想法，在当代青少年中也不鲜见。青少年在学习、生活中，有时希望有一个自己的空间，放松，沉淀，成长。

请结合以上材料写一篇文章。要求：选准角度，确定立意，明确文体，自拟标题；不要套作，不得抄袭；不得泄露个人信息；不少于800字。

 **写作指津**

作文类型：2023年高考语文新课标Ⅱ卷作文为读写结合类型的任务驱动型材料作文。这一命题方式延续了四省（皖、云、黑、吉）及2023年2月份教育部命制的适应性考试卷作文依文设题的方式，即作文题从试卷其他模块中衍生出来，写作与卷内其他模块材料有一定的关联性和对接。

材料解读：给出的对象是"当代青少年"，指成长中的新时代青少年。提供情境是"学习、生活"，"学习"包括在学校学习、家庭教育、社会实践；"生活"包括学校生活、家庭生活、社会生活等。设置话题，"希望有一个自己的空间"，包括物理空间和精神空间；对于青少年来说，"自己的空间"具有独特的精神价值，是放松心情、消除烦恼、安放梦想、关切人生、整理思想、积蓄力量、加油充电、关注社会等地方。指向目的，"放松，沉淀，成长"，"放松"是获得精神的释放和宁静；"沉淀"是思考总结，是逐渐形成正确"三观"的过程；"成长"是朝着目标奋进，成就最好的梦想，成就最好的自己，成就最好的时代、社会与国家。

此材料的核心关键词:"空间""成长",次关键词:"放松""沉淀"

核心任务:空间＋成长＋放松＋沉淀

写作角度:

### 1. 从青年的角度

成长需要空间

在放松中沉淀,在沉淀中成长

青年要面向未来,创造属于自己的精神空间与发展空间

### 2. 从家长的角度

为孩子松绑,做孩子的引路人

给孩子健康成长的空间

### 3. 从教师的角度

给学生思考的空间,助力学生健康成长

### 4. 从学校的角度

学校为学生成长提供更多的"静土"

### 5. 从社会的角度

全社会为青年成长撑起一片蓝天

立意参考:

寻一方空间,创九州盛世

守心灵净土,创自我空间

寻安静之舟,扬人生之帆

寻心灵净土,育理想之花

审容膝之易安,倚南窗以沉淀

放松与沉淀齐飞,成长共进步一色

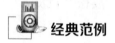 经典范例

## 给心灵寻觅一个宁静的空间

安徽一考生

行走在大千世界,我们难免会感到犹豫和迷茫。我们常常踯躅于遗梦凡尘,徘徊于十字路口。有的人迷失了自我,被现代的潮水浸湿了羽翅;有的人则给自己的心灵觅得一方宁静的空间,从而实现精神的自足与灵魂的皈依。我们应当为后者喝彩。

给心灵寻觅一个宁静的空间,是在忙碌的现代社会实现与自然的再接触,以达到天人合一的境界。残荷孤绝、坚强、枯瘦,在寂寂的时光里站成了永恒;芦花将野地的清冷浓缩成亘古的沉默;芦苇独守一方瘠土,筛风弄月,潇洒倜傥,瘦瘦的筋骨把生命的诗意一点点地挑亮……在自然中寻找一份宁静,是对自然的敬畏与亲近,更是在为心灵寻找一份丰富的安静。

给心灵寻觅一个宁静的空间,是在对自我的审视中更好地理解、领悟人与社会,从而更好地生存。宗白华先生曾言:"汉末魏晋六朝是中国政治上最混乱,社会上最苦痛的时代,然而,却是精神史上极自由、极解放,最富于智慧、最浓于热情的一个时代。"在这样一个性命如草芥的时代,侥幸存活的名士开始重新思考哲学、历史以及生命存在的意义。无论是阮籍的穷途之哭,终日饮酒以求增大生命密度,还是曹氏父子建功立业以求"三不朽",抑或是陶渊明挂印归乡,从此不问世俗事,无不体现了魏晋士人对人本质问题的追问。由此可见,我们也应在忙碌的今天思考人类生存的问题,从而更好地实现自我价值。

给心灵寻觅一个宁静的空间,是在焦虑、紧张、快节奏的生活中寻找一个精神支撑点,实现精神自足。史铁生在地坛中深刻领悟到时间

的永恒伟力,岁月流逝的无情,从而实现古典诗意的重构……文人尚且在给心灵寻觅一方山水作为心灵的寄托,更何况我们呢? 因此,我们也要找到属于自己的"地坛""湘西世界""月下荷塘",实现精神自足。

反观当下,不少青年没有求得灵魂的安宁,甚至以"无信仰"来标榜自己,背后折射出的是其思想意识的淡薄。作为新时期的青年,我们肩负着艰巨的使命。习近平总书记说:"新时代中国青年要以实现中华民族伟大复兴为己任,增强做中国人的志气、骨气、底气,不负时代,不负韶华,不负党和人民的殷切期望!"我们要牢记总书记的嘱托,担起责任以实现中华民族伟大复兴!

人生如同草木的一春一秋,虽然短暂,但也要顽强地活着、活出自己的精彩。每个人都要给心灵寻觅一方空间,每个人都要做一株有思想的芦苇。

范例点评:本文切合题意,立意深刻,论据典型充实,语言清新有文采,结构严谨。标题抓住作文核心关键词"空间",开头由问题切入,摆出观点"有的人迷失了自我,被现代的潮水浸湿了羽翅;有的人则给自己的心灵觅得一方宁静的空间,从而实现精神的自足与灵魂的皈依。我们应当为后者喝彩";主体部分是正反对照结构,正面论证部分设了三个分论点"给心灵寻觅一个宁静的空间,是在忙碌的现代社会实现与自然的再接触,以达到天人合一的境界""给心灵寻觅一个宁静的空间,是在对自我的审视中更好地理解、领悟人与社会,从而更好地生存""给心灵寻觅一个宁静的空间,是在焦虑、紧张、快节奏的生活中寻找一个精神支点,实现精神自足",由人生境界、现实生存写到精神富足,均需一个宁静的空间,有逻辑性;结尾是个有意蕴的结尾,希望每个人均能"做一株有思想的芦苇"。

**【例3】**（2022年高考语文全国乙卷）

阅读下面的材料，根据要求写作。

| 北京：双奥之城 | | |
|---|---|---|
| | 2008年奥运会、残奥会 | 2022年冬奥会、冬残奥会 |
| 比赛成绩 | 中国奥运代表团名列金牌榜第一，奖牌榜第二；残奥代表团名列金牌榜第一、奖牌榜第一。均创历史最好成绩 | 中国冬奥代表团名列金牌榜第三，奖牌榜第十一；冬残奥代表团名列金牌榜第一，奖牌榜第一。均创历史最好成绩 |
| 群众体育 | 全民健身事业蓬勃发展 | "三亿人参与冰雪运动"成为现实 |
| 科技亮点 | 世界跨度最大钢结构场馆"鸟巢"；场馆污水处理再利用率达100% | 智慧场馆和智慧服务；"分钟级""百米级"精准气象预报 |
| 交通支持 | 全国第一条高铁京津城际铁路开通，助力奥运 | 京张智能高铁冬奥列车开行；全国高铁运营里程超4万公里，居世界第一 |
| 国家经济 | 国内生产总值：31.4万亿元（2008年） | 国内生产总值：114.4万亿元（2021年） |

双奥之城，闪耀世界。两次奥运会，都显示了中国体育发展的新高度，展示了中国综合国力的跨越式发展，也见证了你从懵懂儿童向有为青年的跨越。亲历其中，你能感受到体育的荣耀和国家的强盛；未来前行，你将融入民族复兴的澎湃春潮。卓越永无止境，跨越永不停歇。

请结合以上材料，以"跨越，再跨越"为主题写一篇文章，体现你的感受与思考。

要求：选准角度，确定立意，明确文体，自拟标题；不要套作，不得抄袭；不得泄露个人信息；不少于800字。

 **写作指津**

作文类型：2022年高考语文全国乙卷作文为任务驱动型材料作文。

材料解读：作文材料由三部分组成，第一部分是情境材料，以表格的形式呈现了北京这一双奥之城在两届奥运会时的五个方面的成就，并且在下一段有总结和评论；第二部分"提示语"要求结合以上材料，并且指定了主题，这就有了任务指令。第三部分是"要求语"是对文体、标题、字数等加以限制。

《现代汉语词典（第7版）》里对"跨"的解释是抬起一只脚向前或向左右迈（一大步）。"越"作动词时有"跨过（阻碍），跳过"之意，"跨越"组合在一起，在材料里用于体育发展方面、国家发展方面、个人发展方面，表明发展呈现大踏步态势。"再跨越"表明在原来跨越的基础上又上新台阶，也就意味着跨越永不停歇，也正因为不停地跨越才创造了一个又一个卓越。在当今的社会大背景之下，每一个中国人都有自己的使命与担当，当代青年要以对"跨越，再跨越"的思考明晰自己的使命，厚植家国情怀，将"小我"融入到民族复兴的澎湃春潮中。

此材料的核心关键词："跨越""再跨越"

核心任务：话题、主题（跨越）＋材料＋对象（言者：有为青年）＋内容（国家、个人）

立意参考：

跨越新时代，一起向未来

乘跨越之浪，书时代华章

承跨越之精华，创辉煌之未来

跨越时代之栏，奔赴卓越之路

跨越星辰大海，终圆复兴之梦

赓续跨越精神，擎举复兴大任

青春时代共携手，而今迈步从头越

跨越不息勇攀登，青春筑梦向未来

喜观春潮千重浪，纵身跨越万重山

 经典范例

## 融小我于大国步伐,再跨越谱复兴鸿篇

河南一考生

时光浩荡,风起青蘋。从首次举办奥运会到如今冠盖双奥之城;从体育事业勃兴到综合国力跨越式攀升,中国一直用行动诠释着何为跨越。作为新时代的弄潮儿,祖国的生力军,在赞叹这成就的同时,也该思考如何接过历史的接力棒,接续这跨越式的发展,谱写这复兴的鸿篇!

跨越的精神内核在于求新求变,踔厉奋发,精益求精。它不是可望而不可即的目标,而是脚踏实地,用实干奋斗出来的现实。时代的青年唯有秉承跨越的精神,融小我于时代浪潮,方可实现个人与国家的大步迈进,达到人生与理想的远方。

跨越是个人进步的基石。古人云:精益求精。跨越是不断前行,不断突破自我的过程。作为中国当代青年我们不可沉溺于往日的成就,更应精益求精,不断突破。杨振宁院士在理论物理学领域颇有造诣,曾斩获诺奖,但他不曾止步,继续实现人生的跨越,提出"杨—米尔斯理论";刘永坦院士投身海防雷达的研究,开创了中国在这个领域的领跑阶段,他不止于此,苦心孤诣,又制造出全天时、全天候、高精度、远距离探测能力的新体制雷达——与国际最先进的同类雷达相比,系统规模更小,作用距离更远、精度更高、造价更低、总体性能达到国际先进水平,实现个人价值的跨越;王珮瑜投身于京剧艺术的传承,唱得酣畅淋漓的《审头刺汤》《搜孤救孤》,但她不囿于此,将京剧艺术与文化经典融合,唱出一曲新潮的《卷珠帘》,动静之间藏细节,台词语调表意境。由此观之,跨越于个人而言,意义非凡,可为个人进步奠基,为个人发展赋能!

跨越是国家发展的活水。不思跨越的便会停滞不前,不思跨越便会落于人后。罗布泊上的一朵蘑菇云惊艳了世界,那是我国跨入核时代的宣言,是打破核垄断的见证;中国天眼——世界上最大最灵敏的射电望远镜,那是我国向太阳系探索的跨越;"嫦娥"探月,"天问"落火,"羲和"逐日,再跨越也正在进行!中华民族从不会止步于眼前的成就,而是用不断探索的精神,向未来迈进。跨越从不是终头,而是起头;再跨越不是终点,而是新的起点!

青年者,人生之春,人生之华,人生之王也。作为新时代的青年,唯有将家国底色与个人融合,将万众之利益与个人关联,精益求精,孜孜矻矻,不断跨越,方可在复兴的春潮中从容不迫,争帆竞渡,迈上更高的台阶!

范例点评:本文切合题意,中心突出,思路清晰。标题抓住作文核心关键词"再跨越",开头由材料、情境切入,摆出观点"作为新时代的弄潮儿,祖国的生力军,赞叹这成就的同时,也该思考如何接过历史的接力棒,接续这跨越式的发展,谱写这复兴的鸿篇";主体部分先写"跨越是个人进步的基石",再写"跨越是国家发展的活水",由个人写到国家,层层递进,思维螺旋上升,有逻辑性;结尾发出号召,与标题、开头照应,结构严谨,简洁有力。

**【例4】**(2021年高考语文全国乙卷)

阅读下面的材料,根据要求写作。

古人常以比喻说明对理想的追求,涉及基础、方法、路径、目标及其关系等。如汉代扬雄就曾以射箭为喻,他说:"修身以为弓,矫思以为矢,立义以为的,奠而后发,发必中矣。"大意是,只要不断加强修养,端正思想,并将"义"作为确定的目标,再付诸行动,就能实现理想。

上述材料能给追求理想的当代青年以启示,请结合你对自身发展的思考写一篇文章。

要求:选准角度,确定立意,明确文体,自拟标题;不要套作,不得抄袭;不得泄露个人信息;不少于800字。

 **写作指津**

作文类型:2021年高考语文全国乙卷作文为任务驱动型材料作文。

材料解读:作文材料由三部分组成,第一部分是情境材料,分三层表述,第一层谈古人如何追求理想,第二层引用汉代扬雄关于理想的名言,第三层是对扬雄话语的解读;第二部分"提示语"提示当代青年结合自身发展谈理想。第三部分是"要求语",对文体、标题、字数等加以限制。

此材料的核心关键词:"理想""当代青年""成长"

本作文核心任务:理想追求+时代青年+自身成长+扬雄材料

立意参考:

矫理想之弓,圆人生之梦

执理想之笔,书人生华章

树君子之风,逐理想之光

修身矫思为基,立义躬行后发

追逐青春理想,书写人生华章

修养与思想齐飞,道义共行动一色

 经典范例

## 会挽雕弓如满月,青年追梦勇向前

江西一考生

射箭,承载了古人太多的豪情壮志,扬雄说:"修身以为弓,矫思以为矢,立义以为的,奠而后发,发必中矣。"锤炼了自身的心志与灵魂,人生也会箭无虚发。苏轼说:"会挽雕弓如满月,西北望,射天狼。"暮年壮心,依然振奋人心,而我们作为青年,心中都有崇高而远大的理想,会挽雕弓如满月,青年追梦勇向前。让我们把弓拉满,让心随箭矢,向理想进发。

加强修养,端正思想,奠追梦之根。

"修身以为弓,矫思以为矢",正直的人格,高尚的思想,指引我们树立正确的目标,也是我们追逐理想的根本。修身矫思的人能力出众足以担大任,胸怀坦荡足以济天下,更容易从时代的浪潮中破浪而出,踏歌而行。浅俗鄙薄之人,一举一动皆为自身利益,一言一行都只顾眼前局势,这样的人,不可能有值得为之前行的理想,也注定不会实现他所谓"理想"。君子高尚,纵使追梦路上坎坷甚多,终能"金石可镂";小人庸俗,如何穷追不舍,也是"朽木不可雕"。我们青年,就应该做"君子"。穷则独善其身,达则兼济天下;修身齐家治国平天下,在自己充盈的精神花园中育出最"根正苗红"的理想幼苗。

心怀天下,守义为先,铸追梦之魂。

青年有担当,国家才有希望。自古以来,"为民求法的人""舍身求法的人"不断涌现,他们撑起了民族的脊梁,也彰显当今的青年人应有什么样的"民族魂"。陈延年、陈乔年,舍小家,为大家,只为让人民群众翻身解放。延乔之路,终通繁华。百色大山,文秀嫣然。青年人的理想应是高远的,我们心中的美好图景,应当包含天下苍生;青年人的

理想更应是无私的:为了苍生,我们甘愿舍生取义。如鲁迅先生曾说:"无尽的远方,无数的人们,都与我有关。"

付诸行动,脚踏实地,强追梦之力。

积跬步以至千里,积小流以成江海。理想或许很遥远,但如汪国真所说,"没有比脚更长的路,没有比人更高的山。"只要前进,终会到达,北斗组网,三十年接力梦想;天眼搭建,一生心血乃窥寰宇。我们敬佩那些开拓者,是他们迈出了漫漫征程的第一步;我们也赞颂那些后来者,是他们用汗水赓续了星火,延续了传承。江山留痕迹,吾辈复登临。在新时代的号角声中,我们青年也应该继往开来,脚踏实地绘就新时代更美画卷。不畏艰难,因为路就在脚下。

会挽雕弓如满月,青年追梦勇向前。拥有了理想便只顾风雨兼程。作为青年,我们当奠好追梦之根,筑牢追梦之魂,激扬追梦之力,用青春理想绘就更宏大的中国理想。

范例点评:本文切合题意,中心突出,思路清晰。标题上句借用了苏轼的诗句"会挽雕弓如满月",下句紧扣作文核心关键词"追梦",前后语句对仗工整;开头由材料、情境切入,摆出观点"我们作为青年,心中都有崇高而远大的理想,会挽雕弓如满月,青年追梦勇向前。让我们把弓拉满,让心随箭矢,向理想进发";主体部分为并列结构,阐述了三个分论点"加强修养,端正思想,奠追梦之根""心怀天下,守义为先,铸追梦之魂""付诸行动,脚踏实地,强追梦之力";结尾发出号召,与标题、开头照应,结构严谨,简洁有力。

【例5】(2020年高考语文全国Ⅰ卷)

阅读下面的材料,根据要求写作。

春秋时期,齐国的公子纠与公子小白争夺君位,管仲和鲍叔分别辅佐他们。管仲带兵阻击小白,用箭射中他的衣带钩,小白装死逃脱。后来小白即位为君,史称齐桓公。鲍叔对桓公说,要想成就霸王之业,非管仲不可。于是桓公重用管仲,鲍叔甘居其下,终成一代霸业。后人称颂齐桓公九合诸侯、一匡天下,为"春秋五霸"之首。孔子说:"桓公九合诸侯,不以兵车,管仲之力也。"司马迁说:"天下不多(称赞)管仲之贤而多鲍叔能知人也。"

班级计划举行读书会,围绕上述材料展开讨论。齐桓公、管仲和鲍叔三人,你对哪个感触最深?请结合你的感受和思考写一篇发言稿。

要求:结合材料,选好角度,确定立意,明确文体,自拟标题;不要套作,不得抄袭;不得泄露个人信息;不少于800字。

 **写作指津**

作文类型:2020年高考语文全国Ⅰ卷作文属于任务驱动型材料作文。

材料解读:作文材料由三部分组成,第一部分是情境材料,分两层表述,第一层写齐桓公与管仲的恩怨情仇,第二层写后人对齐桓公、管仲、鲍叔的评价;第二部分"提示语"规定了写作核心任务:读书会(情境任务)、对哪个感触最深(思维任务)、发言稿(文体任务)。第三部分是"要求语",对文体、标题、字数等加以限制。

三人物的核心品质:齐桓公宽容、任人唯贤、有格局、以国家利益为重等;管仲治理有方;鲍叔主动荐贤、淡泊名利等。

本作文写作需完成的核心任务:回答作文要求语中的"最"(思维任务)+行文能读古联今(思维任务)+写出人物品质(审美任务)+读书会(情境任务)+发言稿(文体任务)

立意参考(以选择齐桓公为例):
海纳百川,唯贤是从
君子有大气,方可成大器

心胸存天地,万世流芳名

齐桓有"度",国家有路

格局决定高度,眼光决定未来

咨诹善道修己身,察纳雅言铸功成

胸有江海心自阔,腹有家国气自华

 **经典范例**

## 学鲍叔之智　谱人生华章

江西一考生

各位同学:

大家好!读罢故事,我对鲍叔这一人物的感触最深。他以超凡的智慧和远见卓识助力齐桓公成就霸王之业,令人敬佩。当历史的车轮辗转发展到今天,鲍叔的智慧仍熠熠生辉,给我们当代青年以诸多有益的启示。

鲍叔的智慧,在于审时度势,目光长远。

鲍叔帮助小白躲避管仲的阻击,在危险中逃生,使他即位为君,成为齐桓公,留下千古佳话。但鲍叔并未满足于当下的胜利,而是审时度势,以长远的眼光进行预测,向齐桓公提出任用管仲的忠诚建议。历史证明,他的这一计谋是无比正确的。纵观当下,经济全球化使各国竞争日益激烈。全球局势变幻莫测,我们需要有长远的眼光,需要有观察时局的能力,不满足于现状,而要追求更强更好,"顺势者赢,驭势者独步天下",这是鲍叔带给我的启迪,更是你我应努力学习的智慧。

鲍叔的智慧,在于尽其本分,甘于退让。

齐桓公听从鲍叔的建议任用管仲,而鲍叔甘居其下。这是何等的胸襟与气度,他自知管仲是其竞争对手,却没有去打压他,而是甘于退让,甘做绿叶。他做好自己的本分,以国家为重,而不计较个人得失。

这对于当下的我们,难道没有重要的借鉴价值吗?我愿将社会比作一幅拼图,每个人都是组成这幅拼图的一小块。只有找准自己的位置,尽其所能,发挥所长,社会才能和谐运转,越来越好。试想,如果人人都为了一己之私而争先恐后,不为大局考虑,难以想象这个世界将是怎样的混乱与不堪。"天下大同"也无疑离我们越来越远了。做好本分,甘居绿叶,这是鲍叔宽广的胸襟,更是你我学习的目标。

生逢其时,重任在肩,时代赋予我们青年使命与担当,我们应在所处的时代背景下创造历史,谋划人生。历史为我们展开了一幅名为前车之鉴的画卷,我们诚应以史为鉴,学习古人的智慧,让它在新时代仍散发着理智与人性的光芒。

愿你我都能学鲍叔之智,谱人生华章,创造自己的美好人生,更创造时代的美好未来。

我的发言到此结束,谢谢大家!

范例点评:本文切合题意,中心突出,完成了写作的各项核心任务,思路清晰。标题是个流水对,出句"学鲍叔之智"是途径,对句"谱人生华章"是结果,对仗工整,言简意赅。开头由材料、情境切入,摆出观点"当历史的车轮辗转发展到今天,鲍叔的智慧仍熠熠生辉,给我们当代青年以诸多有益的启示";主体部分选择了鲍叔的两个核心优点加以阐述,很好地回答了"鲍叔的智慧",理由充分;结尾发出号召,与标题、开头照应,结构严谨,简洁有力。

## 【例6】(2019年高考语文全国Ⅰ卷)

阅读下面的材料,根据要求写作。

"民生在勤,勤则不匮",劳动是财富的源泉,也是幸福的源泉。"夙兴夜寐,洒扫庭内",热爱劳动是中华民族的优秀传统,绵延至今。可是现实生活中,也有一些同学不理解劳动,不愿意劳动。有的说:"我们学习这么忙,劳动太占时间了!"有的说:"科技进步这么快,劳动的事,以后可以交给人工智能啊!"也有的说:"劳动这么苦,这么累,干吗非得自己干?花点钱让别人去做好了!"此外,我们身边也还有着一些不尊重劳动的现象。

这引起了人们的深思。

请结合材料内容,面向本校(统称"复兴中学")同学写一篇演讲稿,倡议大家"热爱劳动,从我做起",体现你的认识与思考,并提出希望与建议。要求:自拟标题,自选角度,确定立意;不要套作,不得抄袭;不得泄露个人信息;不少于800字。

 **写作指津**

**作文类型**:2019年高考语文全国Ⅰ卷作文属于任务驱动型材料作文。

**材料解读**:作文材料由三部分组成,第一部分是情境材料,分三层表述,第一层谈劳动的重要性,第二层谈热爱劳动是中华民族的优秀传统,第三层谈当今一些同学不理解劳动,不愿意劳动。第二部分"提示语"规定了写作核心任务:话题(劳动)+对劳动的认识、思考+对象(言者、听者为复兴中学的学生)+希望、建议+文体(演讲稿)。第三部分是"要求语",对文体、标题、字数等加以限制。

此则材料的核心关键词:"劳动""对劳动认识""希望""演讲"

**核心任务**:话题(劳动)+对劳动的认识、思考+对象(言者、听者为复兴中学的学生)+希望、建议+文体(演讲稿)

**立意参考**:

劳以筑梦,实干兴邦

扬华夏精神,书劳动青春

抱劳动之志,谱青春华章

奏劳动乐曲,谱青春华章

浇劳动之花,享劳动之果

劳动铸就时代,韶光不负家国

劳动可以兴国,逸豫可以亡身

 经典范例

## 勤自手边起,劳动兴家园

湖南一考生

亲爱的同学们:

  大家上午好!

  听,"黎明既起,洒扫庭除"的悠悠古训自千年前回响,直至今日;看,每时每刻,各行各业的人们用脚踏实地的劳动和汗水描绘中华民族的复兴蓝图。劳动二字,于己,于家,于国,皆有千载常新,断不可抛的意义。对我们同学们来说,勤劳需自手边起,劳动方可兴家园!

  或许有人言,在如今智能化的服务型社会,何需劳动?自有人工智能或是服务人员,然则"民生在勤"热爱劳动作为民族传统,在当今社会亦有现实意义。

  于己,劳动为修身之道。身体力行中,方知脚踏实地,勤恳务实的意义;汗水挥洒咬牙坚持中,方可磨砺不畏困难,吃苦耐劳的坚韧意志;惟亲身体验劳动之不易,方可领悟"一粥一饭,当思来之不易;半丝半缕,恒念物力维艰""一屋不扫何以扫天下"的真谛;在点滴劳动中,方可淬炼出青年的精神。

  于家,劳动为立家之本。坐吃山空,好逸恶劳之教训不必赘述,先哲亦云"成由勤俭败由奢"。在如今的大好时代,只要肯吃苦,愿劳动,自能收获美满幸福的生活,脱贫致富奔小康,哪一个靠的不是日复一日的劳动呢?

于国,劳动为兴邦之基。岂不闻"空谈误国,实干兴邦"之箴言?"实干"二字终须落到劳动上。如今,我国正处于转型发展的关键时期,国家也大力弘扬"大国工匠精神",大国工匠凭的是劳动中的摸索与提升,靠的是十年如一日的坚守和勤恳。若无劳动者,哪来港珠澳大桥连三地通四海,取得数项世界第一的辉煌?若无劳动者,哪来一带一路上共筑复兴之欢歌?若无劳动者,哪来华为绝地反击,惊艳全球的骄傲?国家发展需要劳动,尤其需要我们新一代青年的劳动。

　　劳动者需从手边做起,或小或大,或简或繁,或体力或脑力,皆是劳动,均可为国家建设,为社会进步添砖加瓦。作为学生,我们今日学习知识,完善自我,是劳动;我们明天成为祖国高速运转的大机器任意一颗螺丝钉,燃烧青春,也是劳动。科研团队日夜攻关是劳动,烈日炎炎下农民工一砖一瓦铸造"中国高度"也是劳动。劳动无贵贱,我们应该以平等敬畏之心,热爱劳动,尊重劳动。

　　同学们,再听,上课铃,开工号,国家的需要在召唤我们;再看,国家未来等待我们去书写!让我们勤自手边起,劳动兴家园,为中华民族之崛起而共同努力!

　　我的演讲完毕,谢谢大家!

　　**范例点评**:本文切合题意,中心突出,完成了写作的各项核心任务,思路清晰。标题工整有致,紧扣核心话题"劳动",对"劳动"有正确的认识;开头由材料切入,运用一组整句,突出劳动的意义,之后摆出中心论点"劳动二字,于己,于家,于国,皆有千载常新,断不可抛的意义。对我们同学们来说,勤劳需自手边起,劳动方可兴家园";主体部分分三层,用递进式结构,分别从"于己""于家""与国"角度阐述劳动的意义,论证充分;结尾发出号召,与标题、开头照应,结构严谨,简洁有力。全文符合演讲词的写法。

**【例7】**(2018年高考语文全国Ⅰ卷)

阅读下面的材料,根据要求写作。

2000年 农历庚辰龙年,人类迈进新千年,中国千万"世纪宝宝"出生。

2008年 汶川大地震。北京奥运会。

2013年 "天宫一号"首次太空授课。

公路"村村通"接近完成;"精准扶贫"开始推动。

2017年 网民规模达7.72亿,互联网普及率超全球平均水平。

2018年 "世纪宝宝"一代长大成人。

……

2020年 全面建成小康社会。

2035年 基本实现社会主义现代化。

一代人有一代人的际遇和机缘、使命和挑战。你们与新世纪的中国一路同行、成长,和中国的新时代一起追梦、圆梦。以上材料触发了你怎样的联想和思考?请据此写一篇文章,想象它装进"时光瓶"留待2035年开启,给那时18岁的一代人阅读。

要求:选好角度,确定立意,明确文体,自拟标题,不要套作,不得抄袭,不得泄露个人信息;不少于800字。

 **写作指津**

作文类型:2018年高考语文全国Ⅰ卷作文属于任务驱动型材料作文。

材料解读:材料设置的情境是新世纪异时空的同龄人,18岁人与另一时代18岁人的对话。世纪宝宝的成长情境,既要见证新世纪中国不平凡的发展历程,又要合理想象,展望祖国的未来,明确自己当下的使命担当。涉及内容包括家国情怀、个体担当,寻找中国道路、梦想依托;个人成长与国家、民族、时代的关联。将家国情怀落实到"现实与梦想""个人前进与国家发展""青春与未来""这一代与下一代"的思考中。考查能力包括体察生活能力、思辨能力、想象能力。

立意角度:自我与时代,个体与国家,现实与未来,梦想与奋斗

行文思路:青年的成长与奋斗,国家的发展与圆梦

核心任务:对象(言者为2018年的"世纪宝宝",听者为2035年18岁的一代人)+家国情怀+想象+思考

立意参考:

逐中国新梦　读盛世华章

以梦为路　不负青春

胸有情怀虚若谷　腹有担责气自华

躬逢盛世　高歌猛进——给新青年的一封信

圆梦中国　未来可期

同行成长路　共筑中国梦

乘时代之势　展自我之志

恰逢新时代　奋斗正当时

趁此芳华　逐梦未来

 经典范例

## 致亲爱的弟弟
### 湖北一考生

亲爱的弟弟:

　　此刻,一岁的你也许正在酣睡,而我,正在2018年的高考考场上。这是18岁给予我的礼物,我必须伸开双手笑脸相迎,就像去年全家人迎接你的到来一样,也像18年前年轻的父母迎接我的降生一样。不

同的是,2000年初生的我被称为"世纪宝宝",而你则是计划生育政策调整后的"改革宝宝"。

等你从"时光瓶"中取出这封信时,已是2035年,你也到了和我今天一样的年龄。18岁的天空没有阴霾,而你的18岁,注定艳阳高照,因为,按照2049年建成富强、民主、和谐的社会主义现代化国家的目标,2035年正好是中间的"加油站"和关键点,你看到的是我国经济实力、科技实力的大幅跃升,是各方面制度更加完善、基本实现国家治理体系和治理能力的现代化,是社会文明的新高度,是青山绿水中的富裕生活,那是咱们的"美丽中国"。

那时,你也许不会再像现在的我一样为明天的高考焦虑,也许"高考"已经成为一种测试而不再是进入高等学府的门槛——真羡慕你们这一代享受阳光普照均等教育的年轻人。

请你记住,历史是层叠的过程,当我们注视当下时,必须给予过往的时代以应有的尊重。因为,你们所拥有的一切,是时代巨变的结果,更是前一代人拼搏打下的基础。

如果没有2006年取消延续了两千多年的农业税,如果没有载人航天的一次次遨游天际,如果没有令世界为之羡慕的精准脱贫工程,如果没有移动互联网的狂飙突进,如果没有"中国制造"和"一带一路"倡议的实施……2035年不过是历史时光中一个普通的标记,怎么会有你我看到的辉煌?

咱们的老家,曾经是一个不通公路的山村,父亲当年要翻过一座山头,花一个小时时间步行到学校。他考上了大学,背井离乡到了城市定居,却与贫瘠的故乡挥手告别,留下了守着大山里的特产卖不出去的乡亲。

那是父亲心中的痛,是一代人无奈的叹息。

现在,乡村公路修通了,产业扶贫进山了,土特产成了市场的热销品,几百年没有变样的山村几年之间成了旅游的胜地,欢笑合着枝头果实的碰撞让曾经沉寂的山村充满了生机。

如果有一天你去那里旅游，别忘了，那是我们的故乡，我们根系深埋的土壤。

你看到的现实，曾是我们奋斗的梦想。

2008年，那一年，我8岁，却记住了一个陌生的名字，汶川，也从此懂得了"国难兴邦"的内涵：近7万人的生命死于灾难，8000亿元的经济损失……但是，在巨大的哀痛之后，就在你看到的地震废墟的旁边，一座座新的城市和村庄拔地而起，谁都拒绝不了万物的生长，谁也无法遏制一个民族崛起的力量。

所有的辉煌都伴随着苦难，所有的梦想都倾注着希望。

当你看到这封信时，按照时下流行的对男性标准的划分，我已经是个"油腻"中年男，但是，我可以明确地告诉你，我虽至中年，但绝不会"油腻"，因为，有梦想谁都不会油腻。

所以，2035年，你是早上八九点钟的太阳，我也将以年青的笑容行走在路上。

米兰·昆德拉说过，"永远不要认为我们可以逃避，我们的每一步都决定着最后的结局，我们的脚正在走向我们选定的终点"

我想说的是，梦想永远没有终点，过了2035年，还有2050年，那时，你已经成为社会的中坚力量，你的奋斗在路上，你的梦想也在路上。有梦想，谁都会健康成长，有梦想，哪个时代都了不起。

与弟共勉！

哥哥<br>2018年6月7日

**范例点评**：本文切合题意，中心突出，完成了写作的各项核心任务，思路清晰。标题"致亲爱的弟弟"简洁明了，紧扣作文两代宝宝对话要求；开头紧扣材料"提示语"，点名此书信是两代宝宝心与心的对话；主体既有新世纪以来的辉煌成就展示，也有对未来的合理想象与期盼,充满着个人进取的豪情与对国家现实与未来的赞美,充满正能量;结尾有对弟弟的勉励与期许,中心突出。全文符合书信的写作要求。

**【例8】**（2017年高考语文全国Ⅰ卷）

阅读下面的材料,根据要求写作。

据近期一项对来华留学生的调查,他们较为关注的"中国关键词"有：一带一路、大熊猫、广场舞、中华美食、长城、共享单车、京剧、空气污染、美丽乡村、食品安全、高铁、移动支付。

请从中选择两三个关键词来呈现你所认识的中国,写一篇文章帮助外国青年读懂中国。要求选好关键词,使之形成有机的关联；选好角度,明确文体,自拟标题；不要套作,不得抄袭；不少于800字。

 **写作指津**

作文类型:2017年高考语文全国Ⅰ卷作文属于任务驱动型材料作文之多任务型。

材料解读:作文材料由两部分组成,第一部分是情境材料,近期一项对来华留学生的调查,发现来华留学生关注的"中国关键词"有"一带一路"等12个；第二部分"要求语"对选择关键词、阅读对象、文体、标题、字数等加以限制。

核心任务:两三个关键词＋关键词有关联＋对象（言者为知华者,读者为外国青年）

特别说明:①关键词是两三个而不是一个或很多,如果是一个就可以认定此文在"关键词"这个指令上或者任务上未完成,也即无法判定为一类文或优秀文章；②所选的关联词必须有关联,即围绕一个中心,比如如果表达中国是个创新之国,则选择高铁、移动支付、共享单车比较合适；③本文必须有明确的对象,也即言者、读者必须明确,即言者为知华者,读者为外国青年,否则"对象"这个任务未完成。

立意参考:

华夏之风,和而不同

美丽中国我的家

行中国路,游中国园

构筑一带一路,畅骑共享单车

传承时戏服翩跹,创新时彩带飞舞

用文化筑就时代的万里长城——给外国来华留学生的一封信

**经典范例**

任务驱动型材料作文写作的一个重要技巧就是在文章第一段快速完成多数指令或者全部指令,这是考场作文取得高分的一个重要法宝。下面介绍几篇优秀范例的开头。

开头 1:听说你想更清晰地了解中国,我特意从《2017 年交通运输行业发展统计公报》的"中国关键词"中挑选了一些,向你介绍中国交通业的发展(《给外国青年的一封信》)。

开头 2:美丽中国在路上,无论是憨态可掬的大熊猫,热闹非凡的广场舞,还是绵延万里的长城,近年来,"中国风"越刮越烈。在笔者看来,若想读懂美丽的中国,绕不开的关键词就是"一带一路""京剧与高铁"(《美丽中国在路上》)。

开头 3:如果你眼中的中国还是一辆辆黄包车,人手一把的锄头以及闭关锁国不与外界沟通的清政府,亲爱的外国朋友们,是时候跟我一起看看中国"一带一路"的发展,美丽乡村的建设,还有高铁的发达了!我相信当你了解完这些美丽的风景,你一定会情不自禁地爱上中国(《中国风景美如画》)。

开头4：中国的梦是百花争艳的花海，中国人的梦是齐心协力的奋斗。君不见，北上广华灯初上的夜晚，飞驰的车流，闪烁的霓虹，这是繁华的都市；君不见，伴着清晨的第一缕阳光，携着晨雾从睡梦中醒来，扛起锄头开始田间的劳作，这是安宁的村庄；君不见，西北黄沙大漠里治沙人扎草把的背影，君不见商飞上海飞机制造有限公司数控机加工车间电火花前一位高级钳工技师专注的眼神。亲爱的外国友人，发展的中国正向世界走来，且听那和而不同的脚步声（《华夏之风，和而不同》）。

开头5：中国，于绝大多数外国人而言，仍是戴着神秘面纱的东方国度，其古老的文明，悠久的历史，深厚的文化底蕴，令人心驰神往。下面，笔者就带你揭开这古老国度的面纱，走进中国，走进中国文化（《文化中国，魅力无限》）。

## 传统中国味　最美民族风
福建一考生

五千年的文明浸润着风雨的沧桑，百万里的疆土氤氲着文化的悠长。翻开曲折的历史，我所看到的，我想让每一位了解中国的外国青年朋友看到的，是中华美食蕴藏的芳香，是万里长城沧桑的脊梁，是古朴京剧诗意的悠扬。

当川鲁苏粤用空气中弥散的香味挑逗你的味蕾，当浙闽湘徽用气息中跳动的渴望扩散到你的舌尖，那不同于外国的，便是属于我们中华的美食天堂。是蒸煮，就用最淡雅的清水，晕开一份雅致；是煎炸，就用最炽热的油滴勾勒一份情怀。中华美食，酸甜苦辣，调和的是自然的百味，更是人生的境界。或许，我们没有国外美食的高效与节奏，没有薯条的金黄与炸鸡的灿亮，但是，我们更注重美食之内蕴含的中国风味，民族情怀。那是一份对乡愁的呼唤，也是一份对文化的诉求长城，更是我们民族的符号。有道是"不到长城非好汉",我们的长城,是先民的壁垒,也是先民的结晶。我想,每一个不了解中国的人,都应该来到长城,在它那静默而蜿蜒的身躯上,静静地感受这天地的庄严与扩大,这历史的庄严与肃穆。围绕着长城,我们的民族有太多的记忆可回首,堪勾留。无论是蒙恬当年的戎马与英姿,还是孟姜女感天动地的痛哭,都给长城留下了属于历史的记忆,属于民族的记忆。长城,已不仅是一种伟大的建筑,更是一段光辉的历史,是一座文化的丰碑。

"翩若惊鸿,婉若游龙",它在树木掩映,群山隐约处留下民族的背影;"朔气传金柝,寒光照铁衣",它在开阔苍凉,萧瑟奇绝处铭刻战争的记忆。我自豪,因为有幸作为长城的子民,感受中国不屈的脊梁;我骄傲,因为我能够成为中国的子女,体会民族绝代的风华。

也许,京剧并不似美食诱人,亦不如长城那样直观,但是它也有自己的魅力,值得每一位中国人细细品味。手眼身法,唱念做打,生旦净末丑,这些术语已经植根于我们中国的文化基因中,给民族的风华带来了最耀眼的装饰。或许,你们不懂得"同光十三绝"的风姿;或许,你们不懂得"梅兰芳""程砚秋""杨小楼"之于京剧的意义,没有关系,每一个愿意走进京剧的人,最终都会被它的魅力折服,被中华的传统文化所折服。

是美食,是长城,是京剧,是千年的文明与文化,让中国有了自己最曼妙的身姿,中国的现代发展有目共睹,但中国传统文化的曼妙,亦需世界瞩目。

那么,我亲爱的外国朋友们,你们感受到这"传统中国味,最美民族风"了吗?

范例点评:文章选择了中华美食、长城、京剧三个关键词,突出中国是个有着优秀传统的文明古国,首段押韵,语言典雅,有诗意。主体部分详尽地介绍了中华美食、长城、京剧,充满着民族自豪感,结尾用温馨的问句收束全篇,给外国青年以温暖与友好的感觉。

**【例 9】**（2016 年高考语文全国Ⅰ卷）

阅读下面的漫画材料，根据要求写一篇不少于 800 字的文章。

（据夏明作品改动）

要求：结合材料的内容和寓意，选好角度，确定立意，明确文体，自拟标题；不要套作，不得抄袭。

 **写作指津**

作文类型：2016 年高考语文全国Ⅰ卷作文属于新材料作文。

材料解读：作文材料由两部分组成，第一部分是个漫画，第二部分"要求语"对文体、标题、字数等加以限制。

从漫画纵轴看，左边的孩子先考了 100 分，眉飞色舞，脸上有个唇印；后来考了 98 分，成绩下降了，愁眉苦脸状，脸上有五个手指印。右边的孩子先考了 55 分，愁眉苦脸状，脸上有五个手指印；后来考了 61 分，成绩提高了，眉飞色舞，脸上有个唇印。唇印是个形象化表达，寓意"欣赏、奖励"；五个手指印也是个形象化表达，寓意"处罚、惩戒"。

从漫画横轴看，左边的孩子考了 100 分，眉飞色舞，脸上有个唇印；右边的另一个孩子考了 55 分，愁眉苦脸状，脸上有五个手指印。下一行，左边的孩子考了 98 分，愁眉苦脸状，脸上有五个手指印；右边的另一个孩子考了61分,眉飞色舞,脸上有个唇印。唇印是个形象化表达,寓意"欣赏、奖励";五个手指印也是个形象化表达,寓意"处罚、惩戒"。

**1. 从纵轴看**

从家长、学校或社会角度:教育评价不能唯分数论;教育评价标准不能单一化;教育评价不能功利化

**2. 从横轴看**

考了100分受到了奖励,考了55分受到了惩戒:需合理运用鼓励与惩戒

考了98分受到了惩戒,考了61分受到了奖励:评价的标准要科学

**3. 从对角看**

需合理运用鼓励与惩戒

**4. 综合来看**

社会进步与退步,对某一现象批评与表扬要有科学的评价标准,评价体系;要有正确的世界观、人生观、价值观;以人为本、评价体系多元化建设的重要性与紧迫性

特别说明:

①"要求语"是"结合材料"而非"综合材料",写作角度多,可从任一点来写,也可以从整体寓意切入。

②本文按照决定式任务驱动型材料作文写作也可以,在理论篇里的任务驱动性材料作文的分类中会讲到,在强调赏识教育的重要性的同时,不能否定惩戒教育的必要性;同样在强调惩戒教育的重要性的同时,也不能否定赏识教育的必要性,在说理时要做到文明交流、一点深入,就事论事。

立意参考:

奖进罚退　方为正道

带上敦促出发

打破唯分数论,还教育一片蓝天

摒弃打骂,以爱育人

教育可以更具温情

权衡进退,适当奖罚

经典范例

## 奖进罚退　方为正道

广东一考生

当你看到100分的孩子受到表扬,55分的孩子受到批评时,你认为是理所当然;当你看到98分的孩子受到批评,而61分的孩子获得赞许时,你感到这是匪夷所思。但是,你可曾想过,受到赞扬的应当是进步,而不是高分;受到批评的应当是退步,而不是低分。

任何人都不应当因为绝对的能力水平而得到批评或表扬,他应当由自己相对的进步或退步,得到鼓励或批评。正如作家毕淑敏所言:我们有许多与生俱来的特质,每个人都是不同的。比如相貌,比如身高,比如气力的大小,比如智商的高低……在这一范畴里,都大可不必过多地表场或是批评。如果孩子不断因为天生的智力或外貌因素受到评价,他们就会对自己的价值观产生错误的判断,以至于在性格的养成和人格的建立方面造成无可弥补的缺憾。

因此,在我们的教育中,家长应该接受天生有能力差异的孩子,对孩子的进步和退步进行奖惩,这样才能更加有利于孩子的成长。

明代书法家文徵明从小天资愚笨,而他的同窗却是个天才儿童唐寅,两相对比,更显出文徵明的迟钝笨拙。而文徵明的父亲却豁达地接受了自己孩子的不足,鼓励儿子坚持学习取得进步,并说"吾家幸有

子晚成。"正是父亲的明智,使得文徵明得以积累一点一滴的进步,最终成为明代最伟大的书法家之一。

我们的家长应当接受孩子的平庸,接受鸟儿不能游泳,鱼儿不能展翅的事实。鼓励你的鸟儿高飞一米,你的鱼儿深潜一尺,这样的家庭教育才能使每一个孩子健康成长,各得其所。

同样,社会和学校也应该包容能力天生有差异的孩子,鼓励孩子通过勤奋取得进步,哪怕这份进步只是从55分到61分,批评因懒惰放纵而导致的退步,哪怕这份退步只是从100分到98分,唯有这样,才能使孩子们成长为他应有的样子,才能使他不辜负自己的生命,才能为我们的国家培养更多有用的人才。

天生的聪明或迟钝不值得去评价,应当受到评价的是你是否通过后天的努力,取得了比原先的你更好的成绩。

奖优罚劣,不足挂齿;奖进罚退,方为正道!

范例点评:"题好一半文",本文的优秀与成功拟题有很大关系,从本文拟题可见作者对作文材料的精准解读,立意深刻,"奖进罚退,方为正道"句式工整,朗朗上口。本文开头简洁明了,由材料切入,提出观点"受到赞扬的应当是进步,而不是高分;受到批评的应当是退步,而不是低分"。文章主体部分从家长与学校角度分别阐述中心论点。文章结尾简洁有力,由四个四字句组成,与标题照应,结构严谨。

【例10】(2015年高考语文安徽卷)

阅读下面的材料,根据要求写一篇不少于800字的文章。

为了丰富中小学生的课余生活,让同学们领略科技的魅力,过一把尖端科技的瘾,中科院某研究所推出了公众开放日系列科普活动。活动期间,科研人员特地设计了一个有趣的实验,让同学们亲手操作扫描式电子显微镜,观察蝴蝶的翅膀。

通过这台可以看清纳米尺度物体三维结构的显微镜,同学们惊奇地发现:原本色彩斑斓的蝴蝶翅膀竟然失去了色彩,显现出奇妙的凹凸不平的结构。

原来,蝴蝶的翅膀本是无色的,只是因为具有特殊的微观结构,才会在光线的照射下呈现出缤纷的色彩……

要求自选角度,确定立意,明确文体(诗歌除外),自拟标题;不要脱离材料内容及含意的范围作文;不要套作,不得抄袭,不得透露个人相关信息;书写规范,正确使用标点符号。

 **写作指津**

作文类型:2015年高考语文安徽卷是安徽省高考自主命题的最后一年,这一年的高考作文属于新材料作文。

材料解读:作文材料提供的是一个科普故事,同学们通过科普实验惊奇地发现:原本色彩斑斓的蝴蝶翅膀竟然失去了色彩,显现出奇妙的凹凸不平的结构。原来,蝴蝶的翅膀本是无色的。

写作角度:

**1. 从科技的角度**

科技的魅力

探索与发现

科学的精神

理性思维

**2. 从学生的角度**

探索的魅力

学会质疑和反思

求知与求证

不同角度产生不同结果

实践出真知

**3. 从科研人员的角度**

教育方法不同,效果不同

激发兴趣、培养探索精神

**4. 从物的角度**

从电子显微镜的角度:善假于物,发现本质和真相

从光线的角度:善假于物,成就精彩

从蝴蝶翅膀的角度:具备个性特质,才能呈现光彩

**5. 从哲学的角度**

表象与本质

内因与外因

微观与宏观

感性与理性

**6. 从批判的角度**

眼见未必为实

不囿于已有的认知

探索无止境

**7. 从审美的角度**

要有一双善于发现的眼睛

特别说明:①材料"要求语"里有"不要脱离材料内容及含意的范围作文"一句,"不要脱离材料内容"可以理解为立意与材料有关,"不要脱离材料含意"可以理解为立意与材料主旨有关,我们认为立意尽量"不要脱离材料含意"。②本作文写"距离产生美""认识与实践""主观认识与客观实际"也算符合题意。

经典范例

## 透过现象　探寻本质

安徽一考生

大海的碧波荡漾,是蓝天的映衬;月儿的朦胧微光,是太阳的眷恋。唯物辩证法要求我们用联系的观点看问题,透过现象,探寻本质,感悟人生。

无色的蝴蝶因其特殊的微观结构,才有阳光下的缤纷色彩。透过现象,探寻本质,我们才能发现蝴蝶的奥秘,更能体会到生活的智慧。

透过自然现象,探寻本质规律。春嗅花香,夏观睡莲,秋拂落叶,冬观白雪,大自然有其独特的魅力。史铁生从地坛的一个个鲜活快乐的小生命中,悟出了生命的真谛,懂得人活着就要活出精彩来的生命哲理;进化论的创立者达尔文在1859年发表了《物种起源》,从而打开了生物学的科学之门,探寻到自然现象背后的本质规律;同样,牛顿从苹果落地的自然现象中发现了万有引力定律。试想,如果史铁生、达尔文、牛顿只停留在大自然的表象,怎能演绎出生命的精彩,怎能推动社会的进步?

透过社会现象,探寻普遍真理。社会现象纷繁复杂,社会关系千头万绪,人们容易迷失于应付之中,而忽视真理的探寻。中国改革开放的总设计师邓小平,高瞻远瞩,透过社会现象,提出贫穷不是社会主义,社会主义也可以大力发展市场经济、发展私营经济等诸多科学论断,从而打破了过去发展经济的许多条条框框,找到中国发展的本质规律,为中国的繁荣富强作出了不可磨灭的贡献。200年前,一位德国思想家、政治学家、哲学家更是影响全世界,他提出人类社会发展的必然历程是由资本主义过渡到社会主义,并鼓励广大无产阶级争取自由与独立。他就是马克思,被《时代》周刊评为"19世纪德国最伟大的人"。正是这些伟人对真理的执着探索，人类社会才得以持久前行，生生不息。

透过生活现象，探索真正自我。生活有时候沉重而繁忙，有些人在茫茫追寻中忘记了最初的梦想，有时候在生活重担下放弃了曾经的坚持。学会生活，更要明白为什么而活。只有透过生活现象，探索真正自我，才能实现自我价值，书写出精彩人生。

透过现象，探寻自然界的本质规律，探寻人类社会的普遍真理，探寻到真正自己。用联系的观点看问题，透过现象，探寻本质，感悟人生。

范例点评："题好一半文"，本文优秀与成功拟题有很大关系，从本文拟题可见作者对作文材料的精准解读，立意深刻，"透过现象，探寻本质"句式对偶，上句为做事的途径，下句为途径后的结果，属于流水对。读起来朗朗上口。本文开头语言"大海的碧波荡漾，是蓝天的映衬；月儿的朦胧微光，是太阳的眷恋"富有诗意，"唯物辩证法要求我们用联系的观点看问题，透过现象，探寻本质，感悟人生"一句则是全文的中心论点。文章主体部分设了三个分论点，议论文主体部分各层次之间属于并列关系，分别是"透过自然现象，探寻本质规律""透过社会现象，探寻普遍真理""透过生活现象，探索真正自我"。文章结尾简洁有力，与开头照应，结构严谨。

**【例11】**（2014年高考语文安徽卷）

阅读下面的材料，根据要求写一篇不少于800字的文章。

一位表演艺术家和一位剧作家就演员改动剧本台词一事，发表了不同的意见。

表演艺术家说：演员是在演戏，不是念剧本，可以根据表演的需要改动台词。

剧作家说：剧本是一剧之本，体现了作者的艺术追求；如果演员随意改动台词,就可能违背创作的意愿。

要求选好角度,确定立意,明确文本(除诗歌外),自拟标题,不要脱离材料内容及含意的范围作文;不要套作,不得抄袭,不得透漏个人相关信息;书写规范,正确使用标点符号。

 **写作指津**

作文类型:2014年高考语文安徽卷作文属于新材料作文。

材料解读:作文材料是一位表演艺术家和一位剧作家就演员改动剧本台词一事发生争执的故事,表演艺术家认为演员可以根据表演的需要改动台词,剧作家认为演员不能随意改动台词。

这则材料出自2014年3月份宋方金与宋丹丹之间的一场口水战。宋方金撰写了一篇长微博,指出在拍摄《美丽的契约》期间,80%的台词都是宋丹丹现场编改的。于是便引发了娱乐界对于演员能否改剧本的讨论。由此看来,这则作文材料紧贴时事要闻,引导学生关注现实生活,旨在要求学生能对现实事件发表自己的观点。

写作角度:

**1. 从遵守规则的角度**

从这个角度讲,表演艺术家改动剧本是对原著的不尊重,是对规则的破坏。现实生活中如果人人都破坏规则,那么就无规则可言。考生可以写规则、规范的重要性,它旨在约束我们的行为,让整个社会走向规范。

**2. 从创新突破的角度**

艺术是允许个人发挥的,社会也需要在创新中寻求突破。艺术家的改动剧本如果是合理的,那么就值得赞扬,因为他在剧本中融入了自己的生命体验和表达技巧,而创新给剧本带来了强大的生命力,大到社会发展,亦是如此。

### 3. 从辩证分析的角度

能否改动要一分为二地来看待,如果是正确的、正面的,就值得赞赏,如果是反面的,负面的就应该剔除,所以在社会发展过程中,我们要一分为二地看待创新。另外,写执着与变通的辩证关系也属于切合题意。

### 4. 从善于沟通的角度

生活中矛盾处处存在,如何解决矛盾?善于沟通是正确的选择。到底改不改,如何改,需要表演艺术家与剧作家的有效沟通。

 经典范例

## 坚守与变通

安徽一考生

剧作的诠释因表演者和剧作家的不同追求而存在争议,我们既体谅原创者的心情,又理解表演者的想法。我们所追求的是不脱离本质的变通和灵活不死板的坚守。

变通不是指做我想做的,而是在外物的客观条件下选择最合适的表达方式。无论是演戏还是为人处世,都应学会变通。坚守不是指形成一种固定的思维或认死理,而是把自己的追求化作精神指引,不偏离,不抛弃,这样无论是剧作还是人生,才会充满艺术,遵循你的本意。

允许合理的变通可以让人生更加精彩。人生的道路并非笔直通畅,很多时候我们要形成一种懂得变通的意识。影视作品和文学读本不同,只有演员才了解什么样的艺术表现更加深入人心,于是凭借自己的经验修改了剧本也可以理解。编剧应该听取演员建议,让剧作完成得更加精彩。看过这样一则报道,一辆名牌车在一机场停了六天,车主出差后回来取车时发现一只鸟在车的雨刷上筑了巢,并下了蛋。车主没有因一时冲动而驱逐小鸟,而是乐观地骑上自行车,留下车子

等小鸟安全出生。他的变通保护了世界上其他生物的小小生命,意义更大,令人深思。

提倡正义的坚守让人格更加完整。我们在不断地成长并不断地塑造自己的品质,我们需要在内心深处有份认真守护的品质,比如纯真、善良、乐观或是勇敢。有了这份坚守才会令你不断地审视自己的言行,端正自己的态度。剧作家想坚守自己原创的旨意,不想被他人擅自修改的心情我们可以理解,不过如果不是表演者的自作主张,想必也不致引起争议。宋代词人李拱爱收藏珍贵精美的瓷器,而他的儿子一日不小心撞到架子,打破所有瓷器。李拱也只是挥挥手说:"我不追名逐利,这些本是身外之物,又算什么?"即使在心爱的珍品前,他也不忘记淡泊名利,可见人格之高尚,心境之成熟。

变通和坚守都需要沟通,这个世界本身就是五彩缤纷的。不同的人在审视同一问题时会因不同的角度得出不同的结论。但无论是单方面的变通也好,坚守也罢,其实最重要的还是二者进行沟通与交流,交换出彼此心中真实的感受,才会碰撞出思维的火花抑或收获意想不到的结果。沟通是到达人与人内心深处的桥梁,无论这剧本改或不改,都不重要,重要的是一起合作的人能不能心意沟通,彼此真诚信任,这才是我们所追求的。

无论变通还是坚守,只要做到张弛有度,合乎情理,如此方值得推崇。须强调一点,当变通遇上了坚守,切莫忘记用沟通来建立人与人之间最美好的情感。

范例点评:本文写执着与变通的辩证关系,切合题意,中心突出,思路清晰。标题突出材料中所蕴含的两个核心关键词来拟,醒目,便于评卷老师对该文审题水平的认可;开头由材料切入,分析材料,之后提出自己的观点"我们所追求的是不脱离本质的变通和灵活不死板的坚守",观点有思辨性;主体部分分三层,用"总一分一总"结构,先概述"执着"与"变通"的辩证关系,后设两个分论点,分别是"允许合理的变通可以让人生更加精彩""提倡正义的坚守让人格更加完整",两小层为并列关系,分论点也很有思辨性;结尾给出解决"执着"与"变通"矛盾的办法,即"沟通",简洁有力。

**【例12】**(2013年高考语文安徽卷)

阅读下面的材料,根据要求写一篇不少于800字的文章。

有的人看到已经发生的事情,问:"为什么会这样?"

我却梦想从未有过的事物,然后追问:"为什么不能这样?"

——萧伯纳

要求选好角度,确定立意,明确文体(诗歌除外),自拟题目;不要脱离材料内容及含义的范围作文,不要套作,不得抄袭;不得透露个人相关信息,书写规范,正确使用标点符号。

 **写作指津**

作文类型:2013年高考语文安徽卷作文属于新材料作文。

材料解读:作文材料是萧伯纳的一则名言,此则名言由两句话构成,第一句"有的人看到已经发生的事情,问:'为什么会这样?'"这句话的核心意思是要反思过去;第二句"我却梦想从未有过的事物,然后追问:'为什么不能这样?'"这句话的核心意思是要探索未来。两句话放在一起构成一个转折句群,转折句群的重点在第二句,即"我却梦想从未有过的事物,然后追问'为什么不能这样?'"

立意参考:

从第一句立意:需反思过去

从第二句立意:需探索未来

从整则名言:既要反思过去,更要探索未来

特别说明:①从第二句或整则名言立意属于最佳立意;②第二句

的"梦想"为动词,与"中国梦"的"梦"不同,"中国梦"的"梦"为名词。简单说些中国梦就认为合乎题意,属于错误解读;③材料作文用"引一析一联一结"结构非常合适。

## 突破思维的桎梏

安徽一考生

萧伯纳说:"我却梦想从未有过的事情,然后追问:为什么不能这样?"这是在告诉我们在生活中,要敢于突破思维的桎梏,不要认为没有发生的事情就是不可能的,要敢于突破常规。

突破思维的桎梏,需要有坚定的信念。面对习惯的看法,从未发生的事情,我们需要有一种敢于突破的信念。20世纪七八十年代,安徽省凤阳县小岗村,18户村民冒着坐牢的危险,突破几十年的土地集体所有制形式,大胆尝试,实现联产承包责任制,结果大大解放了农村生产力,解决了长期困扰农村吃不饱肚子的问题。此举为中国农村改革带了个好头,拉开了中国农村改革的序幕。正是因为他们有吃饱肚子、过好日子的坚定信念,突破了思维的桎梏,最终有了今日农村小康生活。

突破思维的桎梏,需要有超人的勇气。2012年央视进行的幸福感调查,就同一个问题"你幸福吗?"利用街头随访的方式进行提问,而所有的视频也是没有经过处理,原生态地展现在观众面前,获得第一手素材,摒弃了假大空的报道,赢得了观众的好评。央视具有非凡的勇气,突破常规,摒弃了以往主流媒体居高临下的姿态,用贴近观众的方式向人们传达了最真实的心声。试想,如果央视不懂得打破常规,而一直以央视老大的地位自居,那么观众又怎么能看到那最真实的画面,听到那最真实的声音呢?央视敢于打破常规,也为其他的节目树立了榜样。

突破思维的桎梏，需要有恒久的耐心。从三十多年前邓小平开启改革开放大业，到如今新一轮改革的大幕拉开，中国以前的改革在浅水区。而现在，我们的改革已进入了深水区，已经没有石头可摸，因此，我们的国家更需要有一颗恒久的耐心，去蹚过这改革的深水区，突破常规，建设有中国特色的社会主义。相信，在过了这深水区之后，我们的改革定会迎来风雨之后的彩虹，我们的国家会变得更加强大。

行于时间，只有敢于突破，敢于打破常规的人才最终到达成功的彼岸，让我们记住萧伯纳的话，突破思维的桎梏，最终获得属于自己的成功。

范例点评：本文切合题意，中心突出，思路清晰。标题就是全文的中心论点，醒目，便于评卷老师对该生审题能力的认可。开头由材料切入，之后提出全文的观点"在生活中，要敢于突破思维的桎梏，不要认为没有发生的事情就是不可能的，要敢于突破常规"。主体部分分三层，采用的是横式结构，设置了"突破思维的桎梏，需要有坚定的信念""突破思维的桎梏，需要有超人的勇气""突破思维的桎梏，需要有恒久的耐心"三个分论点。结尾是结论以及号召，简洁有力。

【例13】(2012年高考语文安徽卷)

阅读下面的材料，根据要求写一篇不少于800字的文章。

某公司车间角落放置了一架工作使用的梯子。为了防止梯子倒下伤着人，工作人员特意在旁边写了条幅"注意安全"。这事谁也没放在心上，几年过去了，也没发生梯子倒下伤人事件。有一次，一位客户前来洽谈合作事宜，他留意到条幅并驻足良久，最后建议将条幅改成"不用时请将梯子横放"。

要求选好角度，确定立意，明确文体(诗歌除外)，自拟标题；不要脱离材料内容及含意的范围作文；不要套作，不得抄袭，不得透露个人相关信息；书写规范，正确使用标点符号。

 **写作指津**

作文类型：2012年高考语文安徽卷作文属于新材料作文。

材料解读：作文材料是生活中的一个故事：某公司有个竖着放的不用的梯子，公司也知道竖着放有危险，特意在旁边写了个条幅——"注意安全"，公司的一位客户前来洽谈合作事宜，他发现后建议将条幅改成"不用时请将梯子横放"。这个公司虽然意识到竖着放的梯子有危险，仅写了个条幅提醒，其实危险还在那，根本就未解决。客户的建议将条幅改成"不用时请将梯子横放"，这个建议很好，梯子横着放就彻底解决了问题。

此则材料的核心关键词："关键""实处""根本""转变思维"

立意参考：

我们解决任何问题要抓住关键

我们解决任何问题要落到实处

我们要从根本上解决问题

我们解决任何问题要不断转变思维方式

 **经典范例**

## 让思维转个身

安徽一考生

一位前来洽谈合作的客户，留意到了车间角落里竖放着的梯子和旁边的提示牌，建议将"注意安全"提示牌修改为"不用时请将梯子横放"。

同样的还是挂着条幅，不同是将竖着的梯子改变为横着放，后者抓住了问题的关键，安全的隐患从根本上解决了。我们常说：条条大路通罗马,解决问题的手段不止一种。问题是我们是不是去寻找过那条"大路",我们是不是还习惯于某种做法或处理问题的方法呢?

"让思维转一个身",抓住问题的关键,不就是这则材料给我们的最好启示吗?

大禹治水,摒弃前人一味地"堵",转而考虑疏通和引导,终于清除了水患;鲁班到山里去伐树,不小心胳膊被草叶划破了,鲁班没有去埋怨,而是思考这么个柔嫩的草叶怎么能划破皮肤呢?他扯下草叶,仔细观察,发现草叶的边缘有许多细齿,便模仿草叶发明了最早的锯子……当我们彷徨无计时,当我们停滞不前时,不妨静下心来,重新想想问题的症结,从而另辟蹊径达到目的。有理由相信:只要敢于突破旧的思维定式,抓住问题的关键,用科学的思路分析解决问题,再大的难题也会有更好的破解之法。

亚历山大·弗莱明在研究细菌时,一天,突然发现一个实验中的霉菌污染了培养皿。他转换了思路,发现这种霉菌实际上阻止了细菌的生长,因为弗莱明思维的转换,直接导致了青霉素的发现,而这一发现为人类健康事业做出了彪炳史册的贡献。可见,适时转换思维的重大意义。

面对新形势下更为复杂的社会问题,需要我们用新的眼光去看待,用新的方法去解决。如何实现思维的创新,"将梯子横着放"的故事就可给我们一些启示。

我们要学会发散思维。针对问题本身,在结合实际的基础上展开合理想象。避免仅仅局限于一种思路、一种规则,尽量多地增加思考问题的视角,学会从多种角度观察同一个问题。突破原有的知识体系,以问题为圆心,向四面八方扩展,并通过知识、观念的重组,寻找更新更多的途径、答案或方法,抓住问题的关键,把问题落到实处,就能从根本上解决问题。

我们还要善于逆向思维。跳出经验和常识的桎梏,反其道而行之;或从已有的因果关系中,变因为果、倒果为因地去发现新的现象和规律;或从原有事物功能相反方面去寻求解决问题的途径,可能会给我们带来一个新的天地。

转换思维,往往会"柳暗花明又一村"。这不仅是一种解决问题的根本方式,更是一种境界。

范例点评:本文标题是个祈使句,嵌入了核心关键词"思维",观点明确,形象生动。开头由材料切入,抓住材料的感触点"不用时请将梯子横放",生发出"让思维转一个身"的普适性道理。主体部分运用大禹治水、弗莱明发现青霉素等典型论据证明中心论点,之后阐述思维转身的两种主要方式:发散思维、逆向思维。结尾分析转换思维的意义。

【例14】(2011年高考语文安徽卷)

请以"时间在流逝"为题,写一篇不少于800字的文章。

注意:①立意自定。②文体自选,诗歌除外。③不得抄袭,不得套作。④不得透露个人相关信息。⑤书写规范,正确使用标点符号。

 **写作指津**

作文类型:2011年高考语文安徽卷作文属于命题作文。

命题解读:题目是个句子,"时间"是陈述的主体,"在流逝"是陈述的内容,也是立意的重点所在,可以写"时间在流逝"我们的所思、所悟、所行。"是什么""为什么""怎么办"是思维的三个层次,回答"怎么办"也即"时间在流逝,我们怎么办"当属深刻立意。

写作角度:

1.时间在流逝,回答"怎么办"

2.时间在流逝,回答"为什么"

3. 时间在流逝,回答"是什么"

4. 点到"时间在流逝"或"时间"

特别说明:高考实际评卷时,立意的类次往往与作文评分总分的类次正相关,不准许跨类评分,比如三类立意,文笔好时,最多可以判二类文,不可以判一类文,其他类推。

 **经典范例**

## 时间在流逝

安徽一考生

高山幽谷中蜷缩的最后一撮雪终于绷不住身子,委落于草丛中,化成了一滴水,汇成了一股泉,流成了一条溪。时间与它结伴而行,也流逝到光阴深处……

是啊,还有什么能像河水那样滔滔不绝地诠释着时间,又有什么像河水一样在宇宙间"三态"切换得那么自如?不可捉摸的时间,人们无法直接描述,只好借助神奇的河水来形容了。于是就有了"子在川上曰:逝者如斯夫"的感叹。

在北雁南飞时,我们知道了季节的更替;少年从青丝到白发,才感叹时间的流逝。"少年不知愁滋味",大多是因为对时间的认识还是一种混沌状态,等弱冠不在,自然有了衣带渐已宽,岁月忽已晚的悔恨。所以有许多憾事与时间有关,如在某个时间段,爱没说出口,却成了他人所爱。在流逝的时间中,孝未尽,亲人却不再。

时间给予每个人都是一天二十四小时。可每个人对时间的态度却迥然不同。有的人说自己的时间太多,多得整把地抛撒也在所不惜,于是在灯红酒绿里泡着,在纸醉金迷中躺着,在"桌上长城"边坐着,就这样,时间在酒杯中流走了,在奢靡里销蚀了,在赌桌边输尽了。

这些人信奉今朝有酒今朝醉,明日愁来明日忧,可他们哪里知道,"春去春回来,花谢花会再开",只是季节的轮回,春已不是昨日春,花已不是先前花了。

智者们明白时间是无限的,但人的生命长度是有限的,但生命的宽度可以伸展。钱学森,这位科学泰斗,一生不题字,不参加宴请,不出席鉴定会。他说,我时间不多了,我还有许多事情需要做。是啊,人的差别在于是否珍惜时间,若在有限的时间内去做更多有益的事情,也就在生命体里注入了内核。等到生命终结的一天,人们会说,他的一生是殷实而沉甸甸的。

想当年辛弃疾报国无门,叹时间流逝,尽管将"栏杆拍遍",也无人知晓其"登临意"。于是他吟出了"可惜流年,忧愁风雨,树犹如此"的诗句。真是英雄泪洒吴钩,岁月不堪回首。

时间在流逝。虽然雪年年有,春年年在,但这些只不过是飞逝的时间列车沿途丢下的旅客而已。因为水是去年的雪,春是昨天的冬。

时间在流逝,我们必须将爱说出口,将孝尽到位,将事做到好……抓住机遇,只争朝夕。虽然我们不能遏减时间流逝的速度,但我们可以激起时间长河中的浪花,哪怕只一朵。

范例点评:作文得高分,立意深刻最重要,如何深刻?在回答"是什么""为什么""怎么办"三个问题时,首选回答"怎么办",本文是命题作文,立意就重点回答了"怎么办"的问题,见结尾结论部分。另外,本文用诗意的语言、生动的比喻、众多的典故以及名人事例诠释了时间的真谛、时间的宝贵以及如何珍惜时间,又满足了作文发展等级"丰富""有文采"的要求,如此,此文得高分是必然的。

**【例15】**（2010年高考语文安徽卷）

阅读下面这首诗,根据要求作文。

## 吴兴杂诗

（清）阮元

交流四水抱城斜,散作千溪遍万家。

深处种菱浅种稻,不深不浅种荷花。

这首诗蕴含的哲理,引发了你怎样的思考或联想?请根据你的思考或联想写一篇文章。不少于800字。

注意:①立意自定,题目自拟;除诗歌外,文体不限。②不得套作,不得抄袭。③不得透露个人相关信息。④书写规范,正确使用标准点符号。

 **写作指津**

**作文类型**:2010年高考语文安徽卷作文属于新材料作文。

**材料解读**:作文材料是首清代阮元写的七绝哲理诗。诗歌前两句写江南水乡四条河流环抱着吴兴城,这些河流围绕着城墙斜斜地流淌着,这四条河又分出许多溪水,溪水边住着许多人家。后两句写江南水乡的百姓在水深处种上菱角,水浅处种上水稻,水不深不浅处种上荷花。

**立意角度**:审题时应根据提示,从诗中找出"哲理"之所在,也就是最关键的题眼。立意抓住"深处种菱浅种稻,不深不浅种荷花"这两句,引出从实际出发,按规律办事,因地制宜、因材施教、具体情况具体对待、不可强求一律搞一刀切的道理,以上符合题意。如果只抓住"交流四水抱城斜,散作千溪遍万家",大谈"环保问题""人与自然和谐相处",或者只抓住只言片语,如围绕"水"或"植物""立意,做人当如荷花一样"出淤泥而不染",做事要像水一样洒脱,要"散作千溪遍万家"等等,都是偏题、离题的。

立意参考:

从实际出发

因地制宜

尊重客观规律

物尽其用

合理利用

不能一刀切

不能绝对化

合理规划

## 淡妆浓抹需相宜

安徽一考生

深处种菱浅种稻,不深不浅种荷花。菱需要深水的浸润,稻却不能忍受深水的埋淹,荷则介于二者之间,喜欢处在不深不浅的水域中。农人懂得作物与环境需相适应,因而菱稻荷各得其所;人世万物皆含此理,无论是因材施教的教育理念,还是因地制宜的发展模式,都须知适合的才是最好的,淡妆也好,浓抹也罢,总需相宜。

倘若菊花钦羡牡丹的雍容华贵,硬要挤入皇家园林的院落之中,莫说能否得到王孙贵胄的夸赞,就怕连陶潜也要鄙弃菊的俗气了吧。

倘若江南水乡的粉墙黛瓦迷恋皇家宫殿的富丽堂皇,硬要将自己的墙头上添置琉璃金瓦,莫说能否与故宫相媲美,恐怕连水乡人也嫌弃它的不伦不类吧。

淡妆也好,浓抹也罢,只要是与自己相适应的就是每个人应当追求的人生境界。

找到适合自己的人生坐标,才能充分发挥自己的潜能。鲁迅当初到日本留学,学的是医学,一次幻灯片的事件,大大地刺激了鲁迅,鲁迅觉得学医最多能使国民身体健康,但这样的国民在那个时代只能做毫无意义的看客与砍头的材料,旧中国最急需的是唤醒国民麻木愚昧的灵魂,学文是最适合医治国民麻木的灵魂的,于是他弃医从文,回国后出版了《呐喊》等小说集以及十多本杂文集,为唤醒国民,为中国新民主主义革命的胜利起到了很大的推动作用,鲁迅也成为家喻户晓的文学家、革命家、思想家。

人的潜能如一把未开启的锁,只要找准了适合的钥匙,便能开启通向成功的大门。找到适合自己的平台,才能尽情展现迷人的舞姿。

然而,如此浅显的道理却并非为每个人所领悟。君不见,爱子心切的家长们把孩子们送入各种奥数班、兴趣班,何其多也!君不见,失去童年欢乐的孩子们在面对枯燥无味的奥数题时的抱怨声,何其哀也!

因材施教,本为孔子多年前就为我们留下的训诫良言,而如今却不得不引起世人的慎重思考了。东施的故事人人皆知,没有找到适合自己的装扮方式,而一味盲目地模仿,让东施成为千百年来人们茶余饭后的笑资。农人因地制宜,分种荷菱稻的智慧,带给人们无尽的遐思。

苏子云"欲把西湖比西子,淡妆浓抹总相宜",如今,当面对农人因地制宜的智慧耕作方式后,我不禁感慨:"欲攀人生浮云峰,淡妆浓抹需相宜……"

范例点评:"题好一半文",本文得高分与好的拟题有很大关系,从本文拟题可见作者对作文材料的精准解读,立意深刻,"淡妆浓抹需相宜"很典雅,化用了苏轼的名句"淡妆浓抹总相宜"。本文由材料切入,从感触点"深处种菱浅种稻,不深不浅种荷花",生发出特殊性道理:"农人懂得作物与环境需相适应,因而菱稻荷各得其所"。然后由特殊性道理衍生出一般性道理:"人世万物皆含此理,无论是因材施教的教育理念,还是因地制宜的发展模式,都须知适合的才是最好的,淡妆也好,浓抹也罢,总需相宜"。文章主体部分运用对比论证论证了凡事适合的重要性。文章结尾简洁有力,与标题照应,结构严谨。

【例16】(2009年高考语文安徽卷)

阅读下面的文字,根据要求作文。

"弯道超越"本是赛车运动中的一个常见用语,意思是指车手利用弯道超越对手。弯道是每个车手都必须面对的。相对于直道而言,弯道上困难大,变数多。过弯道时,原来领先的车手可能因为弯道而落后,而本来落后的车手也可能利用弯道超越对手。现在,这一用语已被赋予了新的内涵,并被广泛借用到政治、经济和社会生活等诸多方面。其中的"弯道"一般被理解为社会进程中的某些变化期或者人生道路上的一些关键点。这种特殊的阶段充满了各种变化的因素,极富风险与挑战,更蕴含着超越对手、超越自我的种种机遇。

上面的文字,引发了你怎样的联想或感悟?请根据你的联想或感悟写一篇文章,不少于800字。

注意:①不要脱离材料的含意。②立意自定,题目自拟,文体自选。③不得套作,不得抄袭。④不得透露个人相关信息。⑤书写规范,正确使用标点符号。

 **写作指津**

作文类型:2009年高考语文安徽卷作文属于新材料作文。

材料解读:作文材料由两部分组成,第一部分是赛车运动"弯道超越"的故事,分两层表述,第一层介绍车手往往利用弯道超越对手及如此选择的原因;第二层是对赛车运动"弯道超越"的拓展,"弯道超越"可以广泛借用到政治、经济和社会生活等诸多方面。其中的"弯道"一般被理解为社会进程中的某些变化期或者人生道路上的一些关键点。"弯道""超越"两词在作文材料中出现多次。第一部分是"要求语",对文体、标题、字数等加以限制。

此材料的核心关键词是"弯道""超越",二类关键词是"风险""挑战""机遇"。写好此文的关键是能准确理解所给材料的含意以及"弯道"的比喻义、引申义、象征义等。"弯道"可理解为人生或社会一个特殊阶段,此阶段有风险、有困难,充满着挑战,更蕴含着超越对手、超越自我的种种机遇。如能抓住此机遇,当实现超越。

一类立意参考:"弯道"(寓意)+"超越"

 经典范例

## 于生命的弯道处绽放华彩

安徽一考生

很多人都非常热衷高速刺激的F1赛车这项运动,风驰电掣而过的靓丽车身,轮胎与地面摩擦发出的声响和着场边人群的呐喊,总是令人血脉偾张,激情四溢。在赛车中弯道的把握尤为重要,甚至可以说决定车手的成绩,所以所有的参赛者都非常看重每一圈的每一个弯道。

其实,不光赛场如此,生活中,人生里也有很多这样的弯道存在。而能不能很好的抓住这样的时机,也就决定了你能不能成就一番事业,实现生命的价值。

成功者莫不善于在历史前进的弯道上发现机会,并把握这一成功

的关键。正所谓"金风未动蝉先觉"。1978年,邓小平审时度势,站在历史的关口,作出了改革开放的伟大决策,为中国赢得了今日的超越;快速发展的安徽,乘着中部崛起的东风,奋勇争先,让6000万安徽人民生活蒸蒸日上,逐步小康。机遇稍纵即逝,只有善于发现并牢牢抓住它,才能让不可能变成可能,才能在弯道上实现超越。

弯道虽难超越,但优秀赛手知难而进,绝不让机遇擦肩而过。上世纪初,中国是半殖民地半封建社会,中华民族遭受前所未有的劫难,处于民族危亡之际,与此同时,五四运动促进了马克思主义在中国的传播,以复兴中华民族为己任的中国共产党应运而生,从此引领中华民族站起来、强大起来。相反,夜郎自大的清王朝,在西学东渐之时,仍故步自封,墨守成规。看不到世事格局的变化,不图进取,只能落得个挨打受辱的下场。因此,面对人生弯道时,需要我们视弯道为人生的一次机遇,把它作为开启成功之门的金钥匙,铸就成功大厦的基石。

转机之时,超越他人也就超越了自己。弯道之上,可谓危机四伏,超越也就成了每个人此刻的唯一信念。楚有屈原,汉有苏武,面临强权的淫威,投敌者的威逼利诱,不为所动,用他们的大义凛然视死如归在生命的弯道铸就了一副无言而有力的雕像;他们在超越了那些蝇营狗苟、媚世媚俗之辈的同时,也升华了自我的生命,实现了对自己的超越。

我们的年华就像赛道,一圈一圈地书写着岁月的轨迹。征途上、弯道中,如果我们能用心书写,相信每一次的转弯,都会实现一个华彩四溢的超越,都是一次生命的飞腾!

范例点评:本文是篇中规中矩的新材料作文,用的是"引—析—联—结"结构。"引",第1段由原材料F1赛车运动切入,并概括此项运动的特点;"析",第2段由F1赛车运动特点领悟出"生活中,人生里也有很多这样的弯道存在。而能不能很好的抓住这样的时机,也就决定了你能不能成就一番事业,实现生命的价值。""联",文章第3段联想到中国改革开放及中部崛起背景下的安徽,论述在弯道上发现机会抓住机会的重要性。第4段联想到中国共产党及清王朝,从正、反两方面论述"在弯道时,优秀赛手须知难而进"。第5段联想到超越的意义,"转机之时,超越他人也就超越了自己"。最后一段是"结"的部分,也是号召,"征途上、弯道中,如果我们能用心书写,相信每一次的转弯,都会实现一个华彩四溢的超越,都是一次生命的飞腾!"

【例17】(2008年高考语文安徽卷)

请以"带着感动出发"为题,写一篇不少于800字的文章。

注意:①立意自定。②文体自选。③不得抄袭,不得套作。④不得透露个人相关信息。⑤书写规范,正确使用标点符号。

 写作指津

作文类型:2008年安徽省高考语文作文属于命题作文。

命题解读:题目是个句子,"感动"与"出发"是两个核心关键词,这两个词是因果关系。

立意参考:

一类立意:"感动"与"出发"均写到,且写出二者的辩证关系

二类立意:重点写"感动"或"出发"中的一者,另一者点到为止

三类立意:只写"感动"或者"出发",选取的其中之一

四类立意:文章行文中只点到"感动"或"出发"中的一者

五类立意:所写内容与"感动"与"出发"无关联

经典范例

## 带着感动出发

安徽一考生

暴雨之中,是谁,为你撑起一把伞?漫漫黑夜,是谁,为你点亮一盏灯?怀着一颗感恩的心,你会发现,暴雨后总有星星在闪烁,带着感动出发吧,让你的人生变得温馨而美好!

感动,珍藏在我们心中,时时刻刻向外散发着光与热,带着感动出发,用善于发现的眼睛探寻人生路上的风景,我相信,无论是广阔的大自然,还是热闹的周边社会,都会使我们收获最宝贵的财富。

带着感动出发,在大自然的奥秘与美丽中行走,我们将收获发人深省的哲思。当苏轼感动于山间明月与江上清风时,他便在这无尽的大自然中悟出了人生永恒的道理;当宗璞驻足在紫藤萝瀑布下,体味这紫色波浪带来的感动时,他便领悟了生活与不幸的辩证法;当史铁生在地坛的花花草草中停留,感动于昆虫们的辛苦时,他便看穿了生与死的轮回……人总是由自然而生,与自然中的生灵万物有着共同的感应;而感动,便是这样一把钥匙,让我们打开与自然之门,收获朴实而深刻的哲思。

带着感动出发,在人间社会的喧闹与冷暖中行走,我们将收获感人至深的温暖。当奥运圣火在异国他乡遭遇袭击,我们看见一位瘦小的残疾姑娘弯腰护住火炬,完成了她人生中最出色的防守;那一刻,奥运圣火为之感动,燃烧出耀眼的光芒!当冰雪肆虐我国南方时,我们看见无数绿色的身影忙碌在铁道公路两旁,那一刻,冰雪也为之感动,为之消散!当地震突袭四川时,我们看见一位年过花甲的老人面带忧虑,在废墟中穿行,那一刻,国人为之感动,世界为之惊叹!在风雨之中,在瓦砾之上,我们用感动,见证了最顽强的民族,最伟大的爱!带着这样的感动出发,谁不会变得更加成熟?谁不会更了解温暖的含义?

带着感动出发,我们便会在自然中收获聪慧,在社会中成长。于是,我们将这感动传递给更多的人。伸出你的手,将爱心的感动传给孩子;坚守你的岗位,将敬业的感动传给同事;攀登你的高峰,将拼搏的感动传给同伴。我相信,这些感动会在心中发芽,开出美丽的花朵,使我们的世界变得更加色彩斑斓,而这也就是带着感动出发的意义所在。

请带着感动出发,在暴雨中为他人撑一把伞,在黑夜中为他人点一盏灯。带着感动出发,我们的世界将永远是晴天,永远充满光明。

范例点评:此文开头由两个问句切入,扣住"感动",之后提出中心论点"怀着一颗感恩的心,你会发现,暴雨后总有星星在闪烁,带着感动出发吧,让你的人生变得温馨而美好"。文章主体部分分两层,2—4段紧扣"感动"来写,文章第5段紧扣"出发"来写,2段与3、4段是总分关系,3、4段是并列关系,3、4段是各自独立的小层,层内按照"提出问题—分析问题—解决问题"思路写,十分严谨。文章结尾照应开头的两个问题并回答,最后发出号召,简洁有力。

**【例18】**(2007年高考语文安徽卷)

以"提篮春光看妈妈"为题,写一篇不少于800字的文章。

注意:①立意自定。②文体自选。③书写规范,正确使用标点符号。④不得抄袭。

 **写作指津**

作文类型:2007年高考语文安徽卷作文属于命题作文。

命题解读:题目是个句子,"看妈妈"是行动,"提篮春光"是行动方式。这个命题也属于寓意型命题,其中对"春光""妈妈"的理解,既可以实指其字面义、词典义,也可以写其比喻义、引申义、象征义等。"春光"可以理解为一种美好的感情,比如"感恩",也可以理解为丰硕的成果、骄人的成绩等;"妈妈"可实指,也可虚指,如可以将"妈妈"引申为家乡、母校、祖国、地球等。题眼应是"看","看"具有丰富的延展性,看望、报答、反哺和回馈等。

经典范例

## 提篮春光看妈妈

安徽一考生

我想问问那些步履匆匆的人们:"你们有多久没有给妈妈打电话了?有多久没有回去看望妈妈了?妈妈是否又多了皱纹,增了白发,这些你都知道吗?"

也许是为了生计不得不四处奔波,也许是为了求学不得不离家在外,也许理由有太多太多,让我们忽略了在岁月中渐渐老去的母亲。像歌曲里唱的那样,找点空闲,找点时间,带上一篮春光回家看看吧,也许妈妈早已在门口迎接我们。

提篮春光看妈妈,带去你用心挑选的礼物。自从有了你,曾经那个爱打扮爱美丽的妈妈很少会为自己增添新衣服了,相册中你美丽的花裙子和漂亮的发卡,都是妈妈为你买的,现在的你也应花些时间,花些心思,在换季的时候为她添置几件不算昂贵但舒适得体的衣服,让她再次焕发出青春的活力。或许当我们长大成人后,母亲的步伐已经不再那么矫健,我们可以定期帮助妈妈准备一些平时常用的生活必需品,来到她为我们忙碌了一辈子的厨房,做上自己的一道拿手好菜,让妈妈尽情品尝"孝"的美味。

提篮春光看妈妈,带去你的孝心和陪伴。现在的我们每个月能回

家一次，请不要再大包小包地给妈妈带脏衣服了，把你取得的好成绩带回去吧，相信妈妈肯定比你还要高兴、激动。回家后多帮妈妈做些力所能及的家务，让妈妈忙碌的身影停下来喘口气。像小时候妈妈牵着你的手一样牵着她，去临近的公园散散步，那里曾留下了妈妈陪你玩耍的美好记忆。和妈妈谈谈你在学校里的生活情况，她是那么舍不得错过你成长的时光。

提篮春光看妈妈，带去你幸福的证据。把你的婚纱照也给母亲送去一份，在她想念你的时候总会看到你幸福的样子，相信母亲一定比照片上的你笑得还要灿烂。把自己的孩子带到母亲的面前，让她看到你血脉的传承，那稚嫩的脸庞就像你小时候的样子，多年以前，她也像你一样守护过一个幼小的生命。现在的你家庭和睦幸福，大概也是母亲最初的愿望吧。

"我拼命发芽，你白了头发，我们一起写下一撇一捺。"歌里唱得这样简单而美好。什么事都可以等，看望妈妈不能等。提篮春光看妈妈，走过往日熟悉的小路，来到久违的院子前，大喊一声："妈，我回来啦！"

范例点评：本文是篇情理俱佳的习作。从情感抒发上，本文无任何矫饰之感，抒发的是真情实感。主体部分分三层论证中心论点，三个分论点分别是"提篮春光看妈妈，带去你用心挑选的礼物""提篮春光看妈妈，带去你的孝心和陪伴""提篮春光看妈妈，带去你幸福的证据"，主体部分三层横式排列。结尾用抒情色彩较浓的歌词以及有理趣、有意味的语句收束。

【例19】（2006年高考语文安徽卷）

阅读下面的文字，根据要求作文。

自然是一本书，社会是一本书，父母是一本书，老师是一本书，同学是一本书，自己是一本书……

人生经历中,各种接触、交流的过程都是"读"的过程。读是面对,读是探索,读是了解,读是感悟,读是品味,读是沟通,读是超越……

请以"读"为话题,写一篇不少于800字的文章。

注意:①所写内容必须在话题范围之内。②立意自定。③文体自选。④题目自拟。⑤书写规范,正确使用标点符号。⑥不得抄袭。

 **写作指津**

作文类型:2006年是安徽省高考自主命题的第一年,该年高考作文属于话题作文。

话题解读:话题是个单独的动词,话题"读"可写的范围很广,我们不可能在一篇文章中做到面面俱到。作文材料语"自然是一本书,社会是一本书,父母是一本书,老师是一本书,同学是一本书,自己是一本书……"中实际上提供了立意的角度,可单独写读自然、读社会、读父母、读老师、读自己等。如何读?作文材料语"读是面对,读是探索,读是了解,读是感悟,读是品味,读是沟通,读是超越……"也提供了答案,即"面对、探索、了解、感悟、品味、沟通或超越"等。

立意参考:

读自然,悟人生

读社会,悟成败

读父母,知感恩

读老师,知进取

读同学,懂沟通

读自己,勇超越

特别说明:

①话题作文写作的最基本要求是合话题,在话题范围内写作,比如2006年的高考作文是话题"读",你就不能写成别的话题,比如"听"

"想"等;②话题是个大题时,即写作的范围十分广时,一定要做到大题化小,选取一个小角度切入,这样写出的文章才不至于蜻蜓点水,要做到精雕细刻,一点深入,比如以上立意中列举的题目;③话题作文的话题就是文章的核心关键词,在文章要多次出现,至少在文章标题、开头、主体、结尾、材料中要出现。

经典范例

## 读自然,悟人生

安徽一考生

大自然是人类赖以生存的母亲,她孕育抚养了人类;大自然是位最好的医师,她可以医治人类精神与肉体的伤痛;大自然还是一本书,一本最好的教科书,她告诉我们人生真谛:春天花会开,秋天果会熟,遵循大自然的规律,遵循人生的规律,我们的人生会更美好。

读春季,知晓人生需及时播种。春天是播种的季节,春天到了,万物复苏,农人开始了播种,有了春天的播种,种子在阳光普照下,在雨水滋润下孕育、发芽,经过夏之生长,才有秋之收获。同理,青少年正值读书求学时期,读书是这一时期的首要任务,我们在父母、老师的教育下,在知识的海洋中遨游,知识在不断地丰富,我们不断地长高,心灵不断地受到滋润。周恩来在儿时读书时就树立为中华之崛起而读书的理想,发奋努力,后来终成造福中华民族的共和国总理;鲁迅儿时在绍兴三味书屋读书,在寿镜吾老先生的严厉教导下,知识日长,后来到日本留学,弃医从文,回国后,拿起笔,大声呐喊,唤醒起一个个麻木的国民。如果没有周总理、鲁迅儿时的发奋读书,他们最终难以成为我们民族崛起的脊梁。可见人生之春当播种。

读夏季,懂得人生需努力工作。夏季是生长的季节,万物在夏天阳光普照下,在雨水滋润下,生长、拔节、开花、抽穗、结果。人在二十多岁,学业已完成,走上了工作岗位,我们来到这社会,就要为社会的发展尽一份力,我们应该将学到的知识,掌握的技能更好服务社会,贡献给国家。二十多岁是活力四射的年龄,富有创造性,容易取得成果,万万不可荒废。伽利略由于数学物理学方面的成就,25岁即被誉为"当代的阿基米德",并聘为比萨大学教授;狄更斯24岁时发表了名著《匹克威克外传》;泰戈尔24岁出版了诗集《飞鸟集》;高尔基24岁发表了名著《马卡尔·梦特拉》;毛泽东25岁写就《沁园春·长沙》,表达出主宰大地沉浮的责任与担当;中国北斗团队、航天团队的成员年龄大多在三十多岁,可正是这些年轻人创造出一个个彪炳史册的业绩。可见,人在青壮年时期,当如夏季的万物,当不断向上生长,方可有秋之沉甸甸的收获。

　　读秋季,享受收获的快乐。秋天是收获的季节,有了春之播种,夏之生长,大自然回馈万物的是秋之硕果,这是自然的法则。路漫漫其修远兮,吾将上下而求索,人生经过孜孜矻矻的求知,扎扎实实的工作,必将迎来一项项流光溢彩的成果。中国自1978年实施改革开放政策的二十多年来,经济得到了飞速发展,至2006年,我国的外汇储备突破万亿美元大关,成为全球外汇储备最多的国家,这是中国改革开放以来全体国人不断辛勤耕耘,不断奋发图强的结果。

　　读冬季,知晓人生需更多的沉思。冬天,大地银装素裹,进入休眠期,为来年的万物生长蓄积力量。夕阳无限好,老马能识途,人生的晚年可以含饴弄孙,可以对人生智慧做总结,扶持年轻人健康成长,还可以为社会的发展贡献余热。莫道桑榆晚,为霞尚满天。人生的冬天,可以沉思,可以蓄能,可以拥有更多属于自己的空间,不亦乐乎?

　　读自然,大自然春华秋实;悟人生,人生向阳生长,顺风飞翔,有付出就会有回报。

　　**范例点评**:本文紧扣话题"读"展开:读春季,感悟到人生需及时播种;读夏季,懂得人生需努力工作;读秋季,可以享受到收获的快乐;读冬季,知晓人生需更多的沉思。立意深刻,思路清晰。

**【例 20】**(2005 年高考语文全国 I 卷)

阅读下面的文字,根据要求作文。

有一次,人们问丹麦物理学家玻尔教授:"您创建了一个第一流的物理学派,有什么秘诀?"不料玻尔却回答说:"因为我不怕在学生面前显露我的愚蠢。"听到这个回答,大家都感到十分诧异和不解。

玻尔的回答确实出人意料,但仔细想想又在情理之中。生活中,我们常常会遇到类似的情况,请以"出人意料和情理之中"为话题,自定立意,自选文体,自拟标题,写一篇不少于 800 字的文章。所写内容必须在话题范围之内。

 写作指津

作文类型:2005 年高考语文全国 I 卷作文属于话题作文。

话题解读:话题是个并列短语,"与"字联结了"出人意料"与"情理之中","与"字不是"或"字,本文既写"出人意料",又写"情理之中"才算合话题。

立意参考:本文既写"出人意料",又写"情理之中",写出二者的辩证关系才是最佳立意。

一类立意参考:"出人意料"+"情理之中"。

二类立意参考:只重点写"出人意料"与"情理之中"中的某一点,另一个话题点到为止。

三类立意参考:只重点写"出人意料"与"情理之中"中的某一个话题。

四类立意参考:文章只在某处点到"出人意料"或"情理之中"中的

某一个话题。

特别说明：从高考评卷实践看，许多考生只重点写"出人意料"与"情理之中"中的某一个话题，结果实际判分多数为三类文，实在可惜。立意的类次往往与作文评分总分的类次正相关，不准许跨类评分，比如三类立意，文笔好时，最多可以判二类文，不可以判一类文，其他类推。

 经典范例

## 出人意料和情理之中

河北一考生

成功的花儿，人们只惊美她出现时的明艳，却少有人知她的芽儿，浸透了奋斗的泪泉。

冰心的话语，时常是我遇到艳羡他人而又惰于学习和行动时的一种激励。

成功有时只是一次机遇，天道酬勤，持之以恒，胜利的曙光就会灿然向你招手。

物理学家兼化学家居里夫人一生成就卓越，曾两次获得诺贝尔奖，它取得的惊人成绩出乎意料，但却在情理之中，她的成功是用汗水和心血换来的。

有一次，一位客人来访看见她的女儿正在把玩着她的诺贝尔奖杯，就十分惊讶地问她：这么重要的奖杯怎么可以随便让孩子玩呢？而居里夫人却出乎意料地说：奖杯只能代表着以前的成绩，如果太看重它，就会停滞不前。那位客人意味深长地点了点头，更加敬佩她了。

记得一位著名的演讲家，他在年轻时，就立志要当一位成功的演讲者。他渴望自己登台时意气风发，挥斥方遒的一幕，然而先天的短舌使他吐字不清晰，发音不到位，遭到了同行的耻笑和讥讽。此后，他

开始沉寂了,人们也渐渐忘了他的名字甚至他的存在。可他却没有丧失信心,于是每天和朝阳准时约会于大海边,口含石子,面朝大海,尽情地朗诵着,激昂着演讲着。

后来,当他再次登台时,以清晰、圆润、流畅的表达征服了所有听众的心。

他克服了先天的不足,出人意料地再次站在演讲台上,他的努力没有白费,实现了他自己的梦想,而这种梦想的实现又在情理之中。

一个人的心态和性格决定了他或她的命运前程。英国诗人拜伦曾说:"悲观的人虽生犹死,乐观的人永生不老。"看似出人意料,但一切又在情理之中。

生活中还有很多的新鲜和新奇等我们去发掘,只有善于发现,才会有更多的惊喜,而每一份惊喜都是人生的一抹亮色。

范例点评:此文为一篇优秀习作,作文能紧扣"出人意料"与"情理之中"来写,且写出二者的辩证关系。

## 【例21】(2004年高考语文全国Ⅰ卷)

阅读下面的文字,根据要求作文。

走你自己的路,让别人去说吧!(但丁)

常问路的人不会迷失方向。(波兰谚语)

应当耐心地听取他人的意见,认真考虑指责你的人是否有理。(达·芬奇)

相信一切人和怀疑一切人,其错误是一样的。(塞克纳)

面对各种说法,有人想:我该相信谁的话呢? 也有人想:还是相信自己最重要。请以"相信自己与听取别人的意见"为话题,自定立意,自拟标题,写一篇不少于800字的文章。所写内容必须在话题范围之内。

 **写作指津**

作文类型:2004年高考语文全国Ⅰ卷作文属于话题作文。

话题解读:话题是个并列短语,"与"字联结了"相信自己"与"听取别人的意见","与"字不是"或"字,本文既写"相信自己",又写"听取别人的意见"才算合话题。

立意参考:本文既写"相信自己",又写"听取别人的意见",写出二者辩证关系才是最佳立意。

一类立意参考:"相信自己"+"听取别人的意见"。

二类立意参考:只重点写"相信自己"与"听取别人的意见"中的某一点,另一个话题只点到。

三类立意参考:只重点写"相信自己"与"听取别人的意见"中的某一个话题。

四类立意参考:文章只在某处点到"相信自己"或"听取别人的意见"中的某一个话题。

特别说明:从高考评卷实践看,许多考生只重点写"相信自己"与"听取别人的意见"中的某一个话题,结果实际判分多数为三类文,实在可惜。立意的类次往往与作文评分总分的类次正相关,不准许跨类评分,比如三类立意,文笔好时,最多可以判二类文,不可以判一类文,其他类推。

 **经典范例**

## 摆出一副倾听的耳朵

(选自《语文月刊》2004年7、8期)

聪明的人,该是把多人智慧集合起来的人。

——题记

摆出一副倾听的耳朵。

相信自己,是一种坚守,如天山雪峰上妙丽的雪莲,固守自己的高度;倾听别人意见,是一种智慧,如诸葛孔明七擒孟获的欲擒故纵,智慧的光芒照亮四方。我相信自己,同时,我有一副善于倾听的耳朵。

成功的人,无不是相信自己的人。这是一种自信,一种人生的饱满。相信自己,我的命运由自己主宰;相信自己,不在纷纷流言中乱了阵脚!毛泽东是中国共产党的创始人之一,也是中国革命的伟大领袖。他在革命斗争的过程中经历了许许多多的挫折和失败,但他从未放弃自己的理想。"俱往矣,数风流人物,还看今朝",他相信自己最终会成功,正是因为毛泽东的自信,他一直坚定地领导着中国共产党走向一个又一个胜利。武则天,每做出一事便不动摇,不因臣子议论而妥协,因为她相信自己的智慧与果敢,更相信自己的判断!相信自己,不在众人议论下放弃自己的立场,不做随风倒伏的墙头草,"走自己的路,让别人去说吧!"

成功的人,也是善于听从别人意见的人。这是一种智慧,一种人生的大境界。善听别人意见,集众人智慧于一身,照亮人生道路!开启"贞观之治"的唐太宗以善听臣子进谏闻名,在魏征等人面前摆出一副善于倾听的耳朵,方开启盛世,流传千古;孔圣人,也在骑青牛的老子面前摆出一副善于倾听的耳朵,耐心地听从他的教导,方集得大智慧,流传于千古!

成功的人,是能将相信自己与听从别人意见结合起来的人。相信自己,不意味着顽固;倾听别人意见,也绝不是盲从。成功的人,无不是自信果敢,而又谦虚谨慎。"常问路的人不会迷失方向",旅行者也须将得到的信息经过自己的判断。这两面,稍一偏颇,便酿成大悲剧。那个亡羊补牢的人不是付出代价后才懂得倾听?楚怀王不是因为顽固不化,不听从屈子进谏,才客死他乡?相信自己,又要善于倾听,成功道路才会平坦无荆棘。相信自己,我有我的原则,我的背囊中有一件"坚守"的法宝。

善于倾听,我把智慧集中,我的行囊中有一双善倾听的耳朵。

摆出一副善于倾听的耳朵,用心去判断,相信我自己,你看,成功的大门正缓缓开启!

范例点评:2004年高考语文全国Ⅰ卷作文属于二元思辨类话题作文。题目中的二元分别是"相信自己"与"听取别人的意见"。在审题时必须看到二元之间的词是"与"字不是"或"字,本文既写"相信自己",又写"听取别人的意见",写这二元的辩证关系才合题意。

此文为一篇优秀习作,作文能紧扣"相信自己"与"听取别人的意见"来写,且写出二者的辩证关系。本文开头运用整句及比喻句摆出观点"我相信自己,同时,我有一副善于倾听的耳朵",文章主体部分分三个层次,一层写"成功的人,无不是相信自己的人",第二层写"成功的人,也是善于听从别人意见的人",第三层将二者结合,提出分论点"成功的人,是能将相信自己与听从别人意见结合起来的人"。一、二层为并列结构,第三层与一、二层构成递进关系。结尾与标题、开头照应,严谨细密。

# 专题 4
# 这样把握高考作文新导向

## 一、近年来高考语文命题指导思想

(1)以立德树人为指导思想;

(2)体现习近平新时代中国特色社会主义思想;

(3)体现中国共产党二十大精神;

(4)弘扬社会主义核心价值观;

(5)体现依法治国思想和法治意识;

(6)弘扬中华优秀传统文化、革命文化和社会主义先进文化。

## 二、在六个方面下功夫

(1)坚定理想信念;

(2)厚植爱国主义情怀;

(3)加强品德修养培养;

(4)增长知识见识;

(5)培养奋斗精神;

(6)增强综合素质,加强德智体美劳培养。

## 三、注重辩证思维能力、批判性思维能力的考查

【例1】(2023年高考语文新课标Ⅱ卷)

阅读下面的材料,根据要求写作。

本试卷语言文字运用Ⅱ提到的"安静一下不被打扰"的想法,在当代青少年中也不鲜见。青少年在学习、生活中,有时希望有一个自己的空间,放松,沉淀,成长。

请结合以上材料写一篇文章。要求:选准角度,确定立意,明确文体,自拟标题;不要套作,不得抄袭;不得泄露个人信息;不少于800字。

 **写作指津**

2023年高考语文新课标Ⅱ卷作文的材料语中有以下语句:"青少年在学习、生活中,有时希望有一个自己的空间,放松,沉淀,成长"。此作文是有关青少年健康成长的话题的作文。

党和政府一直关心青少年健康成长,2019年4月30日,纪念五四运动100周年大会在北京人民大会堂举行,中共中央总书记、国家主席、中央军委主席习近平出席大会并发表重要讲话。习近平总书记指出:"我们要主动走近青年、倾听青年,做青年朋友的知心人。当代青年思想活跃、思维敏捷、观念新颖、兴趣广泛,探索未知劲头足,接受新生事物快,主体意识、参与意识强,对实现人生发展有着强烈渴望。这种青春天性赋予青年活力、激情、想象力和创造力,应该充分肯定。同时,青年人阅历不广,容易从自身角度、从理想状态的角度来认识和理解世界,难免给他们带来局限性。这是青年成长的规律,我们要尊重这个规律。"本题以青少年在成长过程中有时希望有一个自己的空间为话题,让考生表达看法。通过材料中的"放松,沉淀,成长",引导考生辩证地看待自己的空间,将自己的空间与广阔的社会、宏大的时代联系起来。

2023年语文新课标Ⅱ卷作文命题是对习近平新时代中国特色社会主义思想的充分体现。

**【例2】**(2019年高考语文全国Ⅰ卷)

阅读下面的材料,根据要求写作。

"民生在勤,勤则不匮",劳动是财富的源泉,也是幸福的源泉。"夙兴夜寐,洒扫庭内",热爱劳动是中华民族的优秀传统,绵延至今。可是现实生活中,也有一些同学不理解劳动,不愿意劳动。有的说:"我们学习这么忙,劳动太占时间了!"有的说:"科技进步这么快,劳动的事,以后可以交给人工智能啊!"也有的说:"劳动这么苦,这么累,干吗非得自己干?花点钱让别人去做好了!"此外,我们身边也还有着一些不尊重劳动的现象。

这引起了人们的深思。

请结合材料内容,面向本校(统称"复兴中学")同学写一篇演讲稿,倡议大家"热爱劳动,从我做起",体现你的认识与思考,并提出希望与建议。要求:自拟标题,自选角度,确定立意;不要套作,不得抄袭;不得泄露个人信息;不少于800字。

**写作指津**

2019年高考全国Ⅰ卷的作文题型为材料作文。在其给定的材料内容里,"劳动"这一关键表述累计出现了多达8次。从这样的材料设置情况来看,其核心话题聚焦于"劳动"已然十分清晰明了。此次作文要求新时期的青年,也就是广大考生,针对"劳动"展开深入的认识与思考,并形成文字表述。这样的命题方向,是与教育部所颁布的相关高考文件精神高度契合的。其目的在于引导青年学子重视劳动这一基本的社会实践活动,通过对劳动的理解与感悟,考查他们对社会价值体系的认知构建能力,以及运用文字进行深度思考与表达的综合素养,促使他们在即将步入社会之际,树立正确的劳动观念,深刻领会劳动在个人成长、社会发展以及国家进步过程中所起到的不可替代的重要作用。

## 专题 5
## 这样规避高考作文写作大忌

从高考评卷实践来看,以下十个大忌需规避。

### 一、立意有误

从高考评卷实践来看,立意是评判作文优劣的首要标准,高考作文评分细则多数是按照立意定类次,呈现为一类立意、二类立意、三类立意、四类立意、五类立意,这在命题作文、话题作文用得最多,如果文章符合一类立意标准,在表达方面没有大的问题,通常该文判分对应的是一类文。

高考中一般有不准跨类判分的要求,即如果立意分为三类,该文原则上不能判为一类文,同样,立意是一类,在表达方面没有大的问题,该文不能判为三类。

立意常见错误有以下几点:1.有严重意识形态问题;2.三观不正;3.思想品德问题;4.题意理解错误等。

### 二、中心不明

从高考评卷实践来看,"中心突出"是一类文的标准,"中心明确"是二类文的标准,"中心基本明确"是三类文的标准,"中心不明"是四类文的标准。如果是四类文,作文判分就不及格了,一定判在36分以下。就议论文而言,"中心不明"是指文章没有明确的中心论点。就记叙文而言,是指文章写人时,人物形象、人物品质不明;记事时,事件的意义不清晰;写景时,要抒发的感情模糊。

### 三、无文体意识

高考作文"要求语"里一般有"文体自选","文体自选",的确给考生选择文体时一个很大的自由度,但是考生要明白,每种文体都有每种文体的规范,需要有明确的文体意识,切忌写"四不像"文章。如果写记叙文,就应该以记叙表达方式为主,切忌叙议不分;如果写说明文,就应该以说明表达方式为主;如果写议论文,就应该以议论表达方式为主,文章要有明确的中心论点。有的同学写作时选择文学体裁,比如诗歌、戏剧、小说,从理论上,这也无可非议,但是,考生一定要明白,诗歌、戏剧、小说是你平时常写的、擅长的吗? 如果不是,建议考生选择平时常写的、擅长的来写,就高中实际而言,议论文是首选。

### 四、结构有问题

结构是思维的外化,结构有问题,往往思维就有问题,这是显性问题,易被评卷老师发现。结构有问题有多种表现,如文章结构不完整、层次不清或结构不匀称,标题、开头、结尾、文章太长或文章内容就1—3个自然段等。残篇的认定一般是指文章没有结尾或没有开头。文章标题一般不宜超过14个字,以10个字以内为佳。开头、结尾一般分别在100字左右为佳,不宜超过150字。全文自然段以5—10段为宜。自然段不宜过长,一般在200字左右为宜。

### 五、病句太多

高中生考场作文想不出现病句有些困难,但应该尽量减少,尤其是标题、开头不能出现病句。病句多,至少说明语言表达能力不强,或者说语文素养不高,想让评卷老师判高分的确有些难。

## 六、标点不规范

做到考场作文完全正确使用标点,有些困难,但这不能成为不重视标点的理由。在打标点时,有几个低级错误不能犯。①首格有点号;②一逗到底;③不打标点;④用英文圆点代替标点符号;⑤段尾没有表示结束的点号(句号、问号、感叹号);⑥标号的后半部分出现在一行开头,如引号、书名号等。

## 七、标题有误

标题有误主要表现在以下几点:①少标题,虽然少标题在高考评分细则中有扣 2 分的规定,但是如果文章没写标题,扣的分估计远远不止 2 分;②标题平庸,古语有"题好一半文"之说,所以标题平庸,往往就是文章平庸的一个缩影;③改动标题,有的学生由于构思不严谨,作文中写好的标题有时中途被划掉,这样就出现卷面不整的情况,文章给人整体观感不好。

## 八、字迹潦草

字是文章的脸面,字迹潦草的文章给人的第一印象一定不好,加之现在是网上评卷,书写不工整一定吃亏。所以中学生平时一定要在钢笔字书写上下一番工夫,在考试时写出一手工整美观的钢笔字。

## 九、字数不足

高考作文"要求语"里一般有"文章不少于 800 字"的要求,这是作文取得高分的硬杠杠,我们很少见到文章字数少于 800 字的能够得高分,一般情况下,字数写在 850－950 之间最佳。

## 十、做记号

在高考作文评卷软件中,有问题卷一项,"作记号"是问题卷的一种,如果考生在作文中暴露学校、姓名或者画些特殊符号等敏感信息,评卷老师会举报,作文评卷组长可以根据举报情况加以处理,如果核实无误,该考生文章有可能被判零分。

# 理论篇

## 工欲善其事，必先利其器

掌握作文写作知识的前提是对作文的类型做系统的梳理，这样才能让作文的面目清晰地呈现出来。本板块尝试从不同角度对作文进行分类并介绍相应类型的写作要点。专题6-8主要从近年来高考命题热点角度，分别介绍寓意类作文、思辨类作文、任务驱动型材料作文的写作要点，专题9-11主要从作文命题题型角度，分别介绍话题作文、命题作文、新材料作文等的写作要点，专题12-14主要从作文文体角度，分别介绍记叙文、说明文、议论文等写作要点，学生通过对作文类型的梳理，从而有针对性地写好作文。

# 专题 6
# 这样写寓意类作文

## 一、概述

安徽省近二十年(2004—2023)高考语文卷作文属于寓意类的有十个年份(2006~2010年,2012年,2015~2016年,2021年,2023年),可见寓意类作文是高考作文命题热点。

无论是话题作文、命题作文还是材料作文,话题、命题的词句或者材料中的字面义往往不是作文立意深刻的标准,我们需透过表层义或者词典义,领悟其隐含的比喻义、象征义、借代义等,如此立意方能深刻,而立意深刻是作文得高分的关键。

寓意型作文的题目既有其本义,又有其比喻义或象征义,写作的重点一般在其所寓之意。如《必须跨过这道坎》中的"坎",本义是"低洼的地方,坑",其寓意(比喻义)为"成长、发展、前进过程中遇到的障碍、困难和矛盾,如意外的不幸、家庭的变故、人生的挫折、心理的障碍等"。又如2007年高考语文安徽卷作文《提篮春光看妈妈》中"春光"比喻(象征)"成绩""真诚的心""浓浓的爱""感恩的心"等,"妈妈"可实指,也可虚指,如可以将"妈妈"引申为家乡、母校、祖国、地球等。

寓意类作文的审题关键要做到化实为虚,即写出它的寓意。具体方法如下:

**1. 把握整体寓意,明确材料主旨**

**【例】(2012年高考语文安徽卷)**

阅读下面的材料,根据要求写一篇不少于800字的文章。

某公司车间角落放置了一架工作使用的梯子。为了防止梯子倒下伤着人,工作人员特意在旁边写了条幅"注意安全"。这事谁也没放在心上,几年过去了,也没发生梯子倒下伤人事件。有一次,一位客户前来洽谈合作事宜,他留意到条幅并驻足良久,最后建议将条幅改成"不用时请将梯子横放"。

要求选好角度,确定立意,明确文体(诗歌除外),自拟标题;不要脱离材料内容及含意的范围作文;不要套作,不得抄袭,不得透露个人相关信息;书写规范,正确使用标点符号。

 **写作指津**

2012年高考语文安徽卷作文属于寓意类材料作文。写好此作文的关键是需整体把握此故事的寓意。此故事的表面是讲公司与客户对待如何放梯子的不同做法,但其蕴含的深意是:我们在解决任何问题时均需抓住关键,抓住根本,落到实处。写此类作文,立意紧扣故事整体寓意方为深刻,立意深刻是作文得到高分的关键。

**2. 仔细审题,抓住材料中重点词语,找到理解的突破口**

**【例】(2009年高考语文北京卷)**

有一首歌唱道:我有一双隐形的翅膀,带我飞给我希望。我有一双隐形的翅膀,带我飞,飞向远方。请以"我有一双隐形的翅膀"作为题目,写一篇不少于800字的文章。除诗歌外,题材不限。

 **写作指津**

2009年高考语文北京卷作文是一篇命题型作文,题目是个句子,考生在审题立意和构思行文的时候,要抓住题目中的几个关键词:"我""隐形"和"翅膀"。这里的"我"可以有无数种内涵。"大我""小我""实我""虚我"均可。关键是在写作过程中要围绕第一人称"我"来构思和选材。"翅膀"是隐形的,表明是看不见的,需要用心品味,才能体会到其重要性。"翅膀"可以帮助鸟儿飞翔,什么能帮助人实现理想呢?理想、毅力、恒心、意志力、美好品德等都是正确的答案。所以写好"我有一双隐形的翅膀",关键是抓住"翅膀",明白翅膀的寓意。

## 二、话题作文中寓意类命题

**【例】**(课堂习作)

有人认为,道德底线低的人有时比道德底线高的人占优势,你做不出来的,他做得出来,所以他们总能如鱼得水。但是师长告诫我们:要坚持"高线",守住"底线";只有守住"底线",才是守住为人的根本。

以"底线"为话题写一篇不少于800字的文章,题目自拟。

 **经典范例**

### 坚守底线,行稳致远

佚名

微风轻拂千年的史册,孟夫子"富贵不能淫,贫贱不能移,威武不能屈"的宣言依然在风中铮铮作响,仿佛在正告所有后世之人——这是为人处世的底线,即便历经千年,依然要严格坚守。坚守底线,是不忘原点、不忘本心。坚守底线,才能坚定目标、行稳致远。

底线是根,根深则苗壮,苗壮则花繁,花繁则实丰。回望历史长河,坚守底线之根者数不胜数。汨罗江畔,披发行吟的屈夫子坚守底线,纵使举世皆浊依然保持清白,纵然众人皆醉依然保持清醒:清白如亭亭玉立的芙蓉、清醒如翱翔天宇的鸷鸟。"伏清白以死直兮"的坚守是一株"固前圣之所厚"的底线之根,于滚滚江水中不息生长,日趋茁壮,盛开出美丽高洁的花朵,最终成为每一个中国人心中的精神高标。

底线如磐,磐坚则质硬,质硬则性定,性定则心安。"蒲苇韧如丝,磐石无转移。"古今成大事者,既有蒲苇的柔韧,更有磐石的坚定。君不见雪山草地之上,衣衫褴褛的红军战士目光如炬、脚步笃定,坚定地朝着胜利而前进。饥饿摧不垮他们的意志、严寒打不倒他们的身躯、敌人更攻不破他们的底线——红军不怕远征难,万水千山只等闲。正是如磐的底线、钢铁般的意志,中国共产党人才能领导中国人民走过百年风雨征程,中国才有如今之国泰民安。

底线似岸,岸高则水聚,水聚则渊深,渊深则流远。水有其岸,方能汇聚力量,源远流长。流水不争先,争的是滔滔不绝。滔滔之水若任其肆意流淌,不但不能润泽一方土地,更不能造福一方人民。人有底线正如水流有岸。且看官场"地震"、娱乐圈"塌房"……凡此种种,哪件不是丢掉了底线、抛却了"堤岸"的做法呢?丑与恶、假与邪之流肆无忌惮地冲刷、侵蚀着底线之岸,其人生之长河终将因此而断流。只有把美与善、真与正筑成堤岸,我们的人生长河才会有源源不断的活水注入,才会汨汨东流、奔腾入海。

坚守底线,即便山高万丈亦难阻你我登攀之路;坚守底线,即便涧深千尺亦难断你我极游之行;坚守底线,即便风霜百重亦难掩你我求索之志。我辈青年于成长之路中始终坚守底线,才能行稳致远,不负人世间。

范例点评:"底线"的本意是指足球、篮球、排球、羽毛球等运动场地两端的界线,本文选取的"底线"寓意为最低条件或最低限度。文章观点鲜明、条理清晰,中心突出,语言整散结合,不乏优美之词。三个分论点紧扣中心论点,分别用"根""磐""岸"做喻体来论证本体"底线"之重要性。在具体论证中,既有屈原这样的典型人物佐证,又有长征这样的典型事件佐证;除写了正面人物、事例外,又写到于新闻中常见的"地震""塌房"等反面事件,说理方式多样。

## 三、命题作文中寓意类命题

**【例】**(2007年高考语文江西卷)

每天,我们都和语文打交道,无论课内还是课外。在你记忆的深处,或许有语文学习的难忘印象,或许有过关于语文的诸多感慨。

请在下列题目中任选一题作文:

(1)语文,心中的一泓清泉

(2)语文,想说爱你不容易

要求:①不得另拟题目。②不得透露个人的有关信息。③立意自定。④文体自选。⑤不少于800字。⑥不得抄袭或套作。

经典范例

### 语文,心中的一泓清泉

江西一考生

语文,汉语中蕴藏的文化。从结绳记事到文字的出现,蕴藏着形象;从诗词的清丽脱俗到散文的柔美飘逸,蕴藏着灵动;从气势磅礴的论文到经典的小说,蕴藏着灵魂。

品味语文,就像细品一杯香茗,温馨的气息沁人心脾;品味语文,就像荷叶上刚沁出的一滴露水,生命的气息传遍全身;品味语文,就像山溪间一股流淌的清泉,纯然、质朴……

语文,心中的一泓清泉,带着我的魂来到了濮水边,清幽的月光下,一位孤独的老者,徐徐的背影。只听到一句:"宁其生而拽尾于涂中乎。"来回答请命的使者。他那无所待的逍遥游,他那如大鹏般的志向触动着我的心灵。荣华富贵尤可舍,权势名利皆可抛,这就是庄子,做着"蝴蝶梦"的庄子,醒来之后,物我已两忘,不知是"我"变成了蝶,还是蝶化成了"我"。这棵孤独地守候月亮的树永远竖立在我的心中。

　　语文,心中的一泓清泉,带着我的魂来到了那座失落的大观园。宝钗的可人、练达让人着迷,黛玉那如水的性情让人怜惜,凤姐的泼辣让人钦佩,宝玉的痴情让人心生敬意。他们像美丽的天使一样印入我的脑海,大观园的盛衰也让人看后觉得惋惜,宝黛的反封建勇气可嘉,那段缠绵悱恻的爱情悲剧令人伤感。

　　语文,心中的一泓清泉,带着我的魂进入那《边城》的透明之境。闻到了边城人民质朴的情怀,听到了边城的大老、二老含情脉脉的情丝,看到了翠翠坐在岸边那望眼欲穿、灵动的双眸。那段凄婉哀伤的边城之意化作一股清泉流遍我的身体,牵动着我的神经。人性的透明莫过于此,结局是悲凉的,可又有谁能否认翠翠是幸福的呢?无尽的等待已化作有情的相思泪,挥洒在边城的角落里,飘散在每个读者的心间。

　　语文,心中的一泓清泉,涤荡着人性的灵魂,进入至高的精神空间,去品味人性的至纯,去感受人性的高洁,去感受人性的华美、天真……

　　语文,博大精深,包容世间万象,海纳百川,其灵魂在文学之光的普照下,得到精神的滋养,得到精神的润洗,彰显出人的本性,若一泓清泉在我心中汩汩流淌……

　　**范例点评**:2007年高考语文江西卷作文属于命题作文,此作文的题目是个比喻句,把语文比做"清泉",清泉是指清澈泉水,充满诗意与美好。此作文立意必须写语文之美,比如写语文的语言美、情志美、诗意美等,也可写语文的人文性与工具性,还可写语文可以让我们丰富人生、美化人生、认识社会、认识世界等,如此立意,文章才能做到深刻,从而得高分。

本文蕴含着语文的精华,流泻着清泉般的文采,把小作者对语文的挚爱乃至膜拜之情呈现在读者的眼前。读来令人神清气爽,口舌生津。

### 四、材料作文中的寓意类命题

**【例1】**（课堂习作）

阅读下面的文字,根据要求写一篇不少于800字的文章。

一只老鹰从鹫峰顶上俯冲下来,将一只小羊抓走了。一只乌鸦看见了,非常羡慕,心想:要是我也有这样的本领该多好啊!于是乌鸦模仿老鹰的俯冲姿势拼命练习。一天,乌鸦觉得自己练得很棒了,便哇哇地从树上猛冲下来,扑到一只山羊的背上,想抓住山羊往上飞,可是它的身子太轻,爪子又被羊毛缠住,无论怎样拍打翅膀也飞不起来。结果被牧羊人抓住了,牧羊人的孩子见了,问这是一只什么鸟,牧羊人说:"这是一只忘记自己叫什么的鸟。"孩子摸着乌鸦的羽毛说:"它也很可爱啊!"

 **写作指津**

此作文属于故事类新材料作文,故事讲的是牧羊人与小孩对待乌鸦学老鹰抓小羊反被捉持不同态度的故事。

写作角度:

**1. 从牧羊人嘲笑乌鸦的角度**

要找准自己的位置

要量力而行

盲目模仿必然导致失败

人贵有自知之明

切不可忘乎所以

一切应从实际出发

**2. 从小孩赞美乌鸦的角度**

要勇于挑战自己

要勇于尝试

**3. 从综合的角度**

可贵的勇气需与科学的态度相结合

【例2】(2021年高考语文全国乙卷)

阅读下面的材料,根据要求写作。

古人常以比喻说明对理想的追求,涉及基础、方法、路径、目标及其关系等。如汉代扬雄就曾以射箭为喻,他说:"修身以为弓,矫思以为矢,立义以为的,奠而后发,发必中矣。"大意是,只要不断加强修养,端正思想,并将"义"作为确定的目标,再付诸行动,就能实现理想。

上述材料能给追求理想的当代青年以启示,请结合你对自身发展的思考写一篇文章。

要求:选准角度,确定立意,明确文体,自拟标题;不要套作,不得抄袭;不得泄露个人信息;不少于800字。

 经典范例

## 子弹上枪膛　青年逐理想

山西一考生

古之圣贤,扬雄以射箭为喻,对理想的阐释可谓至理之言;思接今

日,于此"文质相炳焕,众星罗秋旻"的时代,青年不啻应修身矫思,立义向学,且当砥砺前行,心怀家国,以青春之我成就青春之国家民族,去创造一个"大风起兮云飞扬"的胜利。

人生如漫漫航船,理想则如烛照前行之灯塔,有了目标方能有悉心规划的路程。然欲启大道必先铺石,修身矫思以夯实基础,继而摸索出方法,孜孜矻矻去追寻生命的光点。青年躬逢盛世,当思接古今,如子弹上枪膛,以梦为马,不负韶华,奔赴建功立业之战场。

加强修养,正青年之根基;端正思想,揽满树之银花。

修身之于人,不仅是逐梦的基础,亦是生而为人应守的底色;思想之于行,不仅是指引前行的风向标,更是掀起世界浪潮,勾勒绝代风华的神笔。青年追求理想之下,是对个人的完善。"修身齐家治国平天下",此言得之。若说修身是你昂首阔步向前的底气,思想则是载你飞翔的翼翅,思想的端正斫去了歪门邪道的桂婆娑,为你留下一片任你驰骋的空旷航道。

立义明志,破愚暗以明道;凝眸远方,梦见北海之赊。

思接千古,"义"的光芒普照历史长河,前进之路须有理想指引,而"义"则莫过于升华理想境界的标杆,"舍生而取义"是徐霞客朝临烟霞而暮栖苍梧的追求;力搏"埃博拉"是陈薇悬壶济世的追求;不敢忘以民生为"义"开荒扶贫的黄大发;不曾忘以科研为"义"铸造射电望远镜的夏立……人皆有其各自不同的"义",各自追寻心中的山河万朵,北海之赊。然而众人之义皆有一个共同的底色,其名曰:国家大义,时代之义。家国情怀植根于心,立鸿鹄之志,守心中大义,方能何须浅碧深红色,自是花中第一流。

付诸行动,描摹理想轮廓;孜孜矻矻,追寻时代光彩。

一切光鲜的理想背后,都应脚著谢公屐,跨越冲波逆折,以实步驱长空。没有负星而趁暝的行动,必不会有心中大义的实现。

揆诸当下,疾风送别烛火,时代风声渐簌簌而生。立于时代交汇点,身处建党百年洪流之中,青年亟待受命,季羡林老先生认为"如果人生真有意义与价值的话,其意义与价值就在于对人类发展的承上启下,承前启后的责任感。"斯言不谬。自身的发展由是有了远方的光亮,大义的追寻叠加了时代的荣光。

范例点评:2021年高考语文全国乙卷中的作文是篇多指令任务驱动型材料作文,也是篇寓意型作文。"材料语"中"修身以为弓,矫思以为矢,立义以为的,奠而后发,发必中矣。"一句是汉代扬雄以射箭为喻说明对理想的追求需要"修身""矫思""立义",本文紧扣扬雄话语的比喻义,写出实现理想需"加强修养""立义明志""付诸行动",立意切合题意,说理严谨,小作者知识比较全面,举的例子较新颖,很有文采。

# 专题 7
# 这样写思辨类作文

## 一、概述

材料作文中的材料往往含有两个或两个以上的核心关键词,写好此类作文,首先要弄清楚作文题目中含有哪几个关键词,这几个关键词是什么逻辑关系,常见的有并列、对照、递进、因果、条件等关系。此类作文可以统称为"二元思辨类作文"或者叫"思辨类作文"。写好此类作文关键是以两个关键词做阐述的重点,且写出两个关键词的辩证关系,做到全面地分析问题。如果行文中只写两个关键词中的一者或者根本就没有抓住关键词则不能得高分。安徽省近 20 年(2004－2024)高考语文卷作文属于二元思辨类的有以下十个年份:2004～2005 年,2008～2009 年,2012～2016 年,2018 年。

## 二、二元思辨型作文分类

### 1. 并列式

示例:2013 年高考语文安徽卷作文(作文题见"专题 3"):"反思过去与探索未来"。

写好此类作文关键是二者均要写到,且写出二者的辩证关系,不可有偏重或者只写一者。

### 2. 对照式

示例:2014 年高考语文安徽卷作文(作文题见"专题 3"):"执着与

变通"。2016年高考语文全国Ⅰ卷作文(作文题见"专题3"):"赏识教育与惩戒教育"。

写好此类作文可仿照"并列式"写作关键点。

### 3. 因果式

示例:2008年高考语文安徽卷命题作文:"带着感动出发"。

"感动""出发"为此作文的两个核心关键词,两者之间是因果关系。写好此类作文可仿照"并列式"写作关键点。

### 4. 条件式

示例:2012年高考语文安徽卷作文(作文题见"专题3"):"梯子不用时横着放"。

此作文的两个核心关键词可以是"落到实处"与"成功"或者"抓住关键"与"成功"。"关键"或者"实处"与成功是条件关系,写好此类作文可仿照"并列式"写作关键点。

【例1】(课堂习作)

阅读下面的材料,根据要求写作。

有学者认为,《西游记》里孙悟空的成长史,蕴含着深刻的人生哲理。孙悟空"超出三界外,不在五行中",是完全无拘无束的"自在",但随着这种"自在"发展到极致,他被压在了五指山下。戴上紧箍咒后的孙悟空,保护唐僧西天取经,看似脱离了个人的绝对自由,然而却促使他收敛心性,走向"成人",最终"成佛"的道路。

"自在"和"收敛",是成长中的青年人绕不开的一个话题。他们一方面渴望个体拥有更多的自由,另一方面又随时要去面对来自社会的种种规范和约束。对此,你有什么思考和感悟,请结合材料,以"自在与收敛"为话题写一篇不少于800字的文章。文体自选,立意自定。

 经典范例

## 左手自在，右手收敛

佚名

孙悟空的成长经历告诉我们，一个人要健康成长，"成人""成佛"，自在和收敛，一个都不能少。做到左手自在，右手收敛，两者兼备，绝不偏废，人生才能行稳致远。

雨果有言："人生下来不是为了拖着锁链，而是为了展开双翼。"追求自在，是人的天性。学者武志红在《巨婴国》一书中，指出每个人都是一个能量体，能量体伸展出的每一份能量，如能被看到，就变成了光明，变成了生的能量，如热情与创造力；如不被看到，就变成了黑色的死的能量，如怨恨与破坏力。所以，李白愿意"且放白鹿青崖间"，也不愿"摧眉折腰事权贵"；苏轼想要"几时归去，作个闲人"，不想"浮名浮利，虚苦劳神"。在他们看来，人生短短几十年，如隙中驹，石中火，梦中身，应该摆脱功名利禄的束缚，得大自在，对一张琴，一壶酒，一溪云。这样的人生哲学，符合人之天性，也让无数人奉为圭臬。

然而，就像河流必须要有堤岸，自在也必须有边界。没有边界的自在，就像没有堤岸的河流，必然会泛滥成灾，带来祸害。孙悟空"超出三界外，不在五行中"，是完全无拘无束的"自在"，但随着这种"自在"越过边界，他触犯天条，大闹天宫，最终遭到严惩，被如来佛祖压在了五指山下；法国大革命原本为追求自由，但随着边界被打破，革命者相互杀戮，血流成河，最终留下了"自由自由，多少罪恶假汝之名以行"的悲歌。让自在不越界的，是收敛。收敛为自我约束和控制。如果说自在是水，收敛就是堤坝；自在是兽，收敛就是笼子。两者如一对双胞胎，相伴相生，相互依存，有自在的地方，就要有收敛。

收敛无比重要，却常常被人误解。总有人觉得，收敛限制了自在。

从表面看，的确如此。譬如，孙悟空戴上紧箍咒以后，再也不能耍猴性子，必须听唐僧的话。然而，深入分析你会发现，如果没有这种限制，孙悟空只会放飞自我，走向任性妄为。有了这种限制，他才能一心一意保护唐僧西天取经，最终修成正果。由此可知，收敛，非但没有真正限制自由，反而保障了更大程度的自由。因为，它可以及时纠偏，让一个人走上正确道路，不会在错误的泥沼里越陷越深。所以，堤岸并没有真正限制河流，反而确保河流可以沿着河床流得更远；法律并没有真正限制个人自由，反而确保个人可以在守法的前提下畅享更大自由。

反观当下，一些青少年渴望拥有更大的自由，却又抱怨来自社会的种种规范和约束。这样想，无疑就像风筝渴望飞得更高，却又不希望被线绳牵引一般。要知道，没有线绳牵引，哪来高飞的风筝？"无规矩，则不成方圆。""无自控，则无自在。"没有外在的规范和内在的自控，就没有真正的自由自在。这一点，我们应该明白。在此基础上，才能正确看待和处理自在与收敛的关系。

泰戈尔有言："生命之河，在它的一条岸边享有自由，在另一条岸边就会受到约束。"让我们左手自在，右手收敛，让生命之河沿着正确的河道滚滚向前，奔流不息！

范例点评：此作文类型属于二元思辨类话题作文。二元分别是"自在"和"收敛"。在审题时必须看到话题二元中间的词是"和"字不是"或"字，即本文既要写"自在"，又要写"收敛"，阐述二者的辩证关系才合题意。

此文为一篇优秀习作，作文能紧扣"自在"和"收敛"来写，且写出二者的辩证关系。本文开头从材料切入，摆出观点："做到左手自在，右手收敛，两者兼备，绝不偏废，人生才能行稳致远。"文章主体部分分四个层次，第一层紧扣"自在"写，提出分论点"追求自在，是人的天性"；第二层紧扣"收敛"写，提出分论点"就像河流必须要有堤岸，自在也必须有边界";第三层将二者结合,写出二者的辩证关系;第四层联系现实分析论证。一、二层为并列结构,三、四层与一、二层构成递进关系。结尾与标题、开头照应,严谨周密。

【例2】(课堂习作)

阅读下面的材料,根据要求写一篇不少于800字的文章。

材料一:我服从理性,有必要时,我可以为它牺牲我的友谊,我的憎恶,以及我的生命。——罗曼·罗兰

材料二:今天的中国人,尤其是像你们这样的当代中国青年,比以往任何时候都更加需要用"血性"来浇铸与锻造自己的意志与灵魂。——深圳大学校长毛军发在2022年毕业典礼上的演讲

"理性"和"血性",一个理智冷静,客观审慎;一个正气浩荡,奋勇争先。作为新时代青年,你如何看待"理性"和"血性"?请结合材料,联系现实,写一篇文章,体现你的思考与感悟。

要求:选准角度,确定立意,明确文体,自拟标题;不要套作,不得抄袭,不得泄露个人信息;不少于800字。

经典范例

## 理性与血性

佚名

深圳大学校长在2022年毕业典礼上给本届毕业的青年学子赠言:今天的中国人,尤其是像你们这样的当代中国青年,比以往任何时候都更加需要用"血性"来浇铸与锻造自己的意志与灵魂。这是师长的谆谆教导,是对青年学子寄予的深切厚望,也是对文明时代青年赋予的新要求。今天的青年,应该要做到以理性看世界,以血性报中华。

青年是国家的未来、民族的希望,是国家现代化发展的生力军,作

为肩负着民族崛起、祖国振兴伟大使命的时代新人，我们当负重致远。青年兴则国家兴，青年强则国家强，在理性中认清自我，在时代考验中升华自我，做有理智、有热情、有血性的合格青年。

青年一代要有理性。法国作家罗曼·罗兰曾用"我服从理性，有必要时，我可以为它牺牲我的友谊，我的憎恶，以及我的生命"的名言告诫我们，要以理性的眼光看世界，面对纷繁复杂的世事要慎思明辨，不人云亦云，不盲目冲动，具备明辨是非的能力，保持清醒与坚定的智慧头脑，这样我们才能在学习和工作的正确道路上永不偏航，在大步向前的人生道路上不误入歧途，让人生的每一步上都不留遗憾。

青年一代要有热情。热情是我们干事创业的不竭动力。如初升旭日的我们从稚嫩逐渐走向成熟，缺少老成稳重习气的我们鲜有畏首畏尾，在学习和工作中充满热情，有着快速学习知识和迅速适应工作岗位的能力，将会以饱满的工作热情和高昂的精神状态奔赴党和国家需要我们发光发热的岗位，继承老一辈迎难而上的勇气和精神。

青年一代要有血性。血性是我们誓死拼搏的精神支撑，当日韩风吹进中华大地，在提供给人们娱乐文化的同时，也带来了娘性糟粕，在年轻群体中兴起了以阴柔为美的不良审美观，文化知识匮乏、缺乏男儿阳刚，一大批本该奋发有为的青年男儿在丑态百出的劣质偶像带动之下沦为了社会负担。作为青年一代，当摒弃娘性文化，保持男儿血性，扎根平凡岗位，守卫祖国疆土，维护民族尊严，保护家人、乡亲乃至所有中华儿女的利益不受侵犯。

有理性、有热情、有血性，才能有理想、有本领、有担当，面对着深刻变化的社会、丰富多样的生活和形形色色的思潮，青年一代有行动的理性奋斗的热情和无畏的血性，拧紧思想的"总开关"，找准前进的"总方向"，规划奋斗的"总路径"，筑牢思想的根基，把握时代的脉搏，担负历史的重任，才能以理性看世界，以血性报中华。

范例点评:这道题目要求我们结合材料一和材料二,思考新时代青年如何看待"理性"和"血性"。材料一中罗曼·罗兰的名言表达了理性的重要性。而材料二中毛军发校长的演讲则强调了血性在当代中国青年中的价值。

作文属于二元思辨型命题作文。题目是个并列短语,"理性"与"血性"是两个核心关键词。

立意参考:

一类立意:"理性"与"血性"均写到,且写出二者的辩证关系

二类立意:重点写"理性"或"血性"中的一者,另一者点到

三类立意:只写"理性"或者"血性",选取其中之一

四类立意:文章行文中只点到"理性"或"血性"中的一者

五类立意:所写内容与"理性"与"血性"无关联

此文开头由深圳大学校长在 2022 年毕业典礼上给本届毕业的青年学子赠言切入,之后提出中心论点"今天的青年,应该要做到以理性看世界,以血性报中华"。文章主体部分先总后分,分写部分分三层,第一层紧扣"理性"来写,第二层紧扣"热情"来写,第三层紧扣"血性"来写。文章结尾发出号召,照应标题与开头,结构严谨。

**【例3】**(2014 年高考语文安徽卷)

阅读下面的材料,根据要求写一篇不少于 800 字的文章。

一位表演艺术家和一位剧作家就演员改动剧本台词一事,发表了不同的意见。

表演艺术家说:演员是在演戏,不是念剧本,可以根据表演的需要改动台词。

剧作家说:剧本是一剧之本,体现了作者的艺术追求;如果演员随意改动台词,就可能违背创作的意愿。

要求选好角度,确定立意,明确文本(除诗歌外),自拟标题,不要

脱离材料内容及含意的范围作文;不要套作,不得抄袭,不得透漏个人相关信息;书写规范,正确使用标点符号。

 **经典范例**

## 随性与约束

安徽一考生

表演艺术家想要根据自己对表演的理解来改动台词,却可能会改变创作者的原意。剧作家拒绝演员随意改动台词,却可能因此而扼杀了一个闪动的灵感。表演艺术家想要的是随性,剧作家想要的却是约束。随性与约束,这一对矛盾的命题应该如何看待呢?

随性是创作的源头。艺术家是自由随性之人,只有不受制约的心灵,以随性的姿态,才能捕捉到心中一闪即逝的灵感。中国春秋时期的鲁班,一次被有锯齿的嫩叶划破了皮肤,随性的灵感突发,中国古代第一把锯子从此诞生。马自达的设计师们正是无意中见到晨间露珠下的柳叶,随性发挥,捕捉到了马自达汽车那美妙柳叶形大灯的灵感;而中国古代文人也好在饮酒后任由思绪飞舞,随性赋诗。"李白斗酒诗百篇"就是最好的证明。陆游则言:"文章本天成,妙手偶得之",天成之文,若非文人随性,若非灵感乍现,如何得之?凡此种种,皆可见随性之妙。

而约束是创作的保证。没有约束的创作恐怕是不能持续下去的,因为凡事都需要热情来激发,需要约束来坚持。典型的例子莫过于宋词,光有随性而来的灵感,不足以支持一首词的完成。宋词讲究内容,也讲究格式与音律,一个词牌名对应一种格式,对应一种平仄音律的变化,这便是约束。如果无视了这种约束,那也就不能称之为词了。同样,在写实绘画中,画家必须遵从透视原则,画面才能真实,否则就只能称之为"蹩脚"了。凡此种种,皆可见约束之重要。

那么,随性与约束就只能相互矛盾地存在吗?那倒未必,这二者虽是矛盾双方,却也是对立统一的。

单从创作来讲,随性是动力,而约束是指导。没有约束的随性会因散漫而无法聚成一个美妙的整体,而缺少了随性的约束会因僵硬而失去生机,就像汽车不能缺少引擎与方向盘任一者,随性与约束亦需要有机结合,相互包含才能走得更远。

其实何止创作,生活亦如此,我们需要随性,但应在约束之下;我们需要约束,但也应允许随性。随性与约束,对立中和谐统一。

范例点评:2014年高考语文安徽卷作文属于二元思辨型材料作文。从本文材料含意中可以看出"随性"与"约束"是两个核心关键词,写出此二元的辩证关系是最佳立意。

本文写随性与约束的辩证关系,切合题意,中心突出,思路清晰。标题围绕两个核心关键词来拟,不仅醒目,而且便于评卷老师对该文审题能力的认可。开头由材料切入,分析材料,之后提出问题"随性与约束,这一对矛盾的命题应该如何看待呢?",主体部分是递进式结构,先分别写"随性"与"约束"的重要性,后写"随性"与"约束"的辩证统一关系。结尾升华主题,"随性"与"约束"不光在艺术创作中是对立统一关系,在生活中亦如此。

## 专题 8
## 这样写任务驱动型材料作文

### 一、"任务驱动型材料作文"命题的缘起

从 1977 年恢复高考至 2015 年,我国高考作文题型主要是命题作文、材料作文和话题作文,这三种题型经过三十余年的创造和演变逐步形成主流。恢复高考之初,出现最多的就是命题作文,但命题作文易被写成"八股文"且易被押中。不久,出现了材料作文,就是所谓的"旧材料作文"。旧材料作文,要求全面把握材料,联系实际,写作时不能抛开材料,行文中必须引用材料,且有限定写议论文体之嫌;有出题者明确提出"请自选角度,自拟题目,联系实际,写一篇不少于 800 字的议论文"的作文要求。限定性太强束缚了考生手脚,不利于学生创新思维的培养,于是,1998 年新创了话题作文这一题型。话题作文,是就一"话题",由考生自主立意、自选文体、自拟标题。虽然自由得多,但是套作、宿构严重影响考生写出真情实感、自主创造的作文,大大降低了作文试题的测试效度。

从 2006 年开始,教育部考试中心全国语文命题组在原有材料作文题型的基础上,进行了一定程度的改造,创制了新材料作文题型。新材料作文题型这样要求:"请根据材料,自选角度,自定文体,自定立意,自拟题目,写一篇不少于 800 字的文章。"这种材料作文题,注重材料的启发和引导作用,更能考查学生分析问题、解决问题和创

造的能力,在角度、立意、文体和拟题等方面,给考生留出更大的自主选择空间。

多年来的新材料作文命题,在给考生提供充分的写作空间、多元的立意角度的同时,也出现了难以回避的问题——考生容易自选一个自己很熟悉或早已准备好的角度进行套作。为了解决新材料作文宿构和套作问题,纠正学生的"假、大、空"写作风气,特别是培养学生的批判性思维能力,使学生具备基本的思辨能力和逻辑思维能力,2012年国家考试指导委员会要求"全面总结材料型作文的成功经验,积极推进考试内容改革"。于是,又一种材料作文题横空出世。2015年高考语文全国卷的两个作文题,在陈述材料之后,就立意与写作形式方面发出了指令性的要求,提出了明确的任务。全国卷Ⅰ作文要求考生给"女儿举报"事件相关方写信来入情入理地谈问题、讲道理,全国卷Ⅱ作文要求考生在深入思考"当代风采人物"推选标准的基础上优中选优。两个作文题目,都是在材料引发考生思考、激发写作欲望的基础上,通过增加任务型指令,着力发挥试题引导写作的功能,增强写作的针对性,使考生在材料所提供的情境中辨析关键概念,在多维度的比较中说理论证。这种材料作文,一般称之为任务驱动型材料作文。

## 二、什么是"任务驱动型材料作文"

任务驱动型材料作文是指带有明确写作指令的材料作文,其本质仍为材料作文。材料作文命题结构一般含有三部分,即"材料语""提示语""要求语"。"材料语"形式上多种多样,可以叙述一个故事,可以说明一个现象,也可以展开议论,无论是叙述、说明或者议论,一般都是围绕一个话题展开。"提示语"是提示命题意图、材料含意、写作角度等。"要求语"是对写作的明确要求,如字数、文体等。"任务驱动型材料作文"就是在材料引发考生思考、激发写作欲望的基础上,通过增加任务型指令,着力发挥试题引导写作的功能,增强写作的针对性,使考生在材料所提供的情境中辨析关键概念,在多维度的比较中说理论证。在材料作文的基础上,下达一个指令性任务,让考生更好地围绕材料的内容及含意,选择最好的角度,按照明确的要求来写作文。

### 三、任务驱动型材料作文分类

任务驱动型材料作文顾名思义就是带着任务去完成的材料作文,此种类型是当下命题的热点,写好此类作文首先要读懂材料,准确地从材料中提取话题,如果话题提取有误,也即作文出现方向性的问题,作文想取得高分就十分困难了。梳理2015年以来的高考任务驱动型材料作文,该类型作文主要分为意见交换式、决定式以及多任务(指令)式三类。

**1. 意见交换式**

意见交换式任务驱动型材料作文的写作任务主要是让学生在针对一个具有多种答案的问题时发表自己的看法,答案可能是三个或者更多,考生只能从中选择其中一个展开论述,同时也要尊重其他不同的答案,做到文明交流,当然重点阐释的是自己的观点,使别人认可自己观点的合理性。

**2. 决定式**

决定式任务驱动型材料作文的写作任务主要是解决一个带有争议性的问题,解决的办法或者看法一般是对立的两个,让考生选择其中一个加以重点阐述,但在写作时不能否定另外一个,在说理时做到文明交流、一点深入、就事论事。

**3. 多任务(指令)式**

多任务(指令)式任务驱动型材料作文的写作任务主要是此作文

含有多个写作任务,完成所有写作任务或指令是成功的关键。

### 四、如何写任务驱动型材料作文

看清作文指令,完成写作任务是重中之重。具体而言,任务驱动型材料作文主要有以下指令:文体指令、情境指令、对象指令、话题指令、主题指令等。

文体指令:即对写作的文体做限定,比如要求写一封信、倡议书或演讲稿等等。

情境指令:即对写作的情境或语境做限定,比如班会、校会、读书会等学生成长空间等。

对象指令:即对本人陈述的主体、阅读的对象等加以限定。

话题指令:即对材料中所蕴含的话题加以限定。

主题指令:即对材料中所蕴含的主题加以限定。

**【例1】**(2015年高考语文全国Ⅱ卷)

阅读下面的材料,根据要求写一篇不少于800字的文章。

当代风采人物评选活动已产生最后三名候选人。小李,笃学敏思,矢志创新,为破解生命科学之谜作出重大贡献,率领团队一举跻身国际学术最前沿。老王,爱岗敬业,练就一手绝活,变普通技术为完美艺术,走出一条从职高生到焊接大师的"大国工匠"之路。小刘,酷爱摄影,跋山涉水捕捉世间美景,他的博客赢得网友一片赞叹:"你带我们品位大千世界""你帮我们留住美丽乡愁"。

这三个人中,你认为谁更具风采?请综合材料内容及含意作文,体现你的思考、权衡与选择。要求选好角度,确定立意,明确文体,自拟标题,不要套作,不得抄袭。

 经典范例

## 潜心于学术,造福于未来

辽宁一考生

人生之路,以其多样和繁盛充实着我们的生活,亦因其复杂和差异考验着我们的选择。不同的人生之路决定不同的人生价值,我尤为欣赏小李,他的人生最具风采,他作为科技工作者,身上能体现科技创新的价值。

不可否认,爱岗敬业,勤于奉献,变普通技艺为完美艺术的老王有他的风采,他让我们看到,平凡如你我的小人物,也可以通过潜心所热爱事业,为人生延展增添价值;酷爱摄影,跋山涉水的小刘凭借对山水的热爱和对艺术的执着,将青山悠悠、流水深深的美景定格于镜头瞬间,带给人们以美的感受。这样的人生,同样具有风采。

但是,我还是认为小李最具风采。在他的身上,体现的是"板凳要坐十年冷"地对学术的纯粹钻研;是"吾志所向,一往无前"地对创新的极致追求;是"老骥伏枥,志在千里"地对生命价值的充分自信与尊重。在人心浮躁的当下,人们往往为了一纸文凭,一个空名争得头破血流,而像小李这样葆有纯净与积极的人格就显得尤为珍贵。

我们的社会,需要"老王"们用精妙的技艺增添精致,需要"小刘"们用精湛的艺术增加精彩。但若没有了"小李"们对学术的潜心研究,我们就很可能被禁锢在当代截面上,难以博古通今,继往开来。我们的国家,亦可能失去创新带来的无限发展动力与潜力。小李依靠笃学敏思,矢志创新的精神继承前辈的学问,寻得生命科学的奥秘,无愧于先人,造福于后世,这样的人,又怎能不具风采?

尽管,小李潜心钻研学术,可能无暇修饰外貌,难以兼顾家庭,但他极为丰富的内涵尤为珍贵;尽管,高端的学术研究看似与普通民众

的日常生活关系甚微,但我们的生活定会因为小李们的付出得到积极的改变,而我们的后代,人类的未来,也会因此受益。(假设分析)

宋儒张载"为天地立心,为生民立命,为往圣继绝学,为万世开太平"的历史责任感与文化性格在小李的身上得到了传承;袁隆平以及"两弹一星"研制专家们的科学精神亦在小李身上得到彰显。小李用努力与拼搏,用理想与信念,用坚守与坚持,用热爱与热情走出了一条极具价值的科研人生之路。这样的人,自然熠熠闪光;这样的人生,注定风采无限!

从时间的长河来看,每个人的存在不过是极短暂的一瞬;以宇宙为疆,光明也不过是局促的一隅。但是,人之所以为人的伟大,就在于我们可以依靠无限的创造与热爱,探索生命的奥秘与科学的精彩,超越时间与生命的界限,为后世留下无限的财富。小李潜心学术,他的人生极具风采!

我愿如小李,潜心于学术,造福于未来!我也希望我们国家有更多的"小李",这样我们的国家、我们的民族复兴将指日可待!

范例点评:2015年高考语文全国Ⅱ卷作文属于意见交换式任务驱动型材料作文,其写作任务是让学生针对一个具有可讨论性的话题,分歧的观点可能是三个或者更多,让学生充分表达自己的意见,同时也要尊重不同的意见,文明交流,重点深入阐释自己的意见,并使别人认可自己的意见。

写好意见交换式任务驱动型材料作文,需满足四个关键条件:完成指令、就事论事、一点深入、文明交流。"完成指令"即在文章中必须回答谁更有风采;"就事论事"即全文围绕谁更有风采及这个人更有风采的原因来写;"一点深入"即谁更有风采的理由;"文明交流"即承认另两方也有风采,只不过没有选择方更突出而已,千万不能否定另两方。

2015年高考语文全国Ⅱ卷作文对三位各具风采人物的选择,考生可以任意选择其中的一位来写,选择哪一位没有优劣之分。此文由人生的多样性切入,围绕材料,扣住作文"要求语"中的"谁"字,权衡后明确小李更有风采,简洁明了。主体部分从三个方面拿小李与老王、小刘作比较,得出小李于国于民价值更大,支撑中心论点。第二自然段中先肯定老王、小刘的人生各有各的风采,然后围绕小李核心价值——"创新",分三层做比较,回答"更"字。结尾没有空头说教,而是现身说法,以身作则,写出自己的理想及愿望,文明交流,入情入理。

【例2】

阅读下面材料,根据要求写一篇不少于800字的文章。

农民工小李春节后把九岁的儿子交给年近七旬的父母照管,和妻子一道南下广东打工。针对此事,邻居郑老师以小李父母年纪大需要照顾,孩子小需要教育为由规劝小李慎重选择外出务工,可小李说:"如果不外出打工多挣钱,拿什么去供奉父母、养育孩子?"

针对此事,你更支持哪一位呢?请综合材料内容及含意作文,体现你的思考、权衡与选择。

要求选好角度,确定立意,明确文体,自拟标题;不要套作,不得抄袭。

 经典范例

## 金钱诚可贵,亲情价更高

佚名

农民工小李春节后想外出打工,郑老师以他需照顾父母、教育孩子为由劝他慎重考虑,小李却认为当下赚钱更为重要。我更支持郑老师的观点,对家人的陪伴,重视赡养父母,重视教育孩子比优越的生活条件更值得珍惜,此举也是有眼光的做法。

不可否认,小李打算外出务工,挣更多的钱,给予家庭更好的物质生活,无可厚非,这也是每一位称职的儿女共同的心愿。可殊不知,这样做往往会冲淡了他与家人的感情,小李应该知道,孝亲、育儿不可等待,亲情比金钱更为重要啊。

　　孝敬父母不能等。小李的父母已年近七旬,"人到七十古来稀",父母已年老体弱,需要子女多陪伴,我想天下的子女最不愿见到的是"子欲养而亲不待"的结局,到那时,子女将会后悔莫及。父母含辛茹苦将子女养大,我们做子女的就要及时尽孝,在他们寂寞时候陪伴,关注父母的衣食起居、头疼脑热,及时解决父母身心上的困扰,让父母颐养天年。东晋李密面对朝廷的多次召唤,可看到家里年近九旬的祖母无人奉养,于是写下感人肺腑的《陈情表》,向晋武帝陈情,先尽孝,后尽忠,终于打动了晋武帝,完成了为祖母养老送终的心愿。

　　重视孩子读书是家长目光长远的举措。小李九岁的儿子已到了上学年龄,其父母或者其他法定监护人应当送其入校接受并完成义务教育。虽然爷爷奶奶也可以照顾,但是父母的教育难以代替,父母的职责不可或缺。改变农村孩子的命运,读书是条捷径,如果不重视孩子的读书,贫穷很容易代际传递,这样的局面是每一位农村父母不愿看到的,所以要重视孩子读书,读书须趁早。感动中国2020年度人物张桂梅自己没有生儿育女,她却是云南山区女子高中500名学生的"校园妈妈",她把自己30万奖金捐给学校,就是希望贫困山区的女孩子能通过读书改变命运,这是大爱,是对读书重要性的完美诠释。

　　其实小李也可以在自己的家乡创业或打工。小李虽然身处农村,但是在农村也可以发家致富,古语有"靠山吃山,靠水吃水"之说,小李完全可以因地制宜,利用家乡的优势,找到合适的产业,比如养殖业、加工业,特种经济作物种植等。另外,国家实施乡村振兴工程,每个地方都有新的工厂建起,小李也可以在家乡附近或周边打工,这样既可以打工挣钱,也可以照顾父母与孩子。

小李选择放弃外出务工并不意味金钱不重要,而是表明他选择了亲情,放弃了远方。金钱诚可贵,亲情价更高。

范例点评:此文作文题属于决定式任务驱动型材料作文。写作任务是回答一个带有争议性的问题,此问题一般有两个对立的答案,考生一般只能选取一方观点加以阐述。此作文只能在"赞成郑老师"与"赞成小李"中选择一方加以阐述,但不能否定未选择方,如选择"赞成郑老师"了,就应重点阐述孝亲、重视孩子读书等的重要性,但不能否定小李选择外出务工多挣钱的重要性。此文做到了写好任务驱动型材料作文的几个关键点:一是"文明交流",选择了赞成郑老师的观点,同时也承认小李打工多挣钱的合理性;二是"一点深入",本文从孝亲、孩子教育、在乡里也可挣钱三方面来支撑郑老师的观点;三是"就事论事",本文就是围绕小李要不要外出务工展开的。

【例3】(2017年高考语文全国Ⅰ卷)

阅读下面的材料,根据要求写作。

据近期一项对来华留学生的调查,他们较为关注的"中国关键词"有:一带一路、大熊猫、广场舞、中华美食、长城、共享单车、京剧、空气污染、美丽乡村、食品安全、高铁、移动支付。

请从中选择两三个关键词来呈现你所认识的中国,写一篇文章帮助外国青年读懂中国。要求选好关键词,使之形成有机的关联;选好角度,明确文体,自拟标题;不要套作,不得抄袭;不少于800字。

 经典范例

### 传承时戏服翩跹,创新时彩带飞舞
#### 安徽一考生

远方的朋友,你来到中国,可曾看到过戏台上的裙袂翩跹,戏曲

人放开嗓子高唱一曲京剧,穿云裂石;你又可曾瞥见广场上大叔大妈们手持彩带,舞一曲《最炫民族风》,活力四射,前者是中国,后者也是中国,刚柔并济,舞姿优雅,笑颜闪动中呈现出的是泱泱大国的传承与创新。

传承时戏服翩跹的是中国。京剧作为中国的国粹,已有百年历史,其间涌现了大量杰出的戏剧家和剧种,百年谭派的博采众长,向国人展现了"江河不择细流"的大方与豪情;梅兰芳大师开创的梅派更是独树一帜,代代相传。尽管庄重的戏剧与现代的文明简洁轻便的特点有所出入,但它却始终未被淘汰,一直引领着其他传统文化走在时代的浪尖上。

著名京剧表演艺术家,梅派掌门人梅葆玖先生曾说:"改革不是忽然梦有心得,它是整个大趋势,对于观众的欣赏,不是配合,而是要站在时代的浪尖上永远往前走。"是的,所有传统事物都具有其独特的魅力,才能让它在时代的大潮中不断调整自我,在传承中创新,永远保持中华的活力。

创新时彩带飞舞的是中国。广场舞踏歌而来,应节而舞,在喧嚣的时代中舞出了中国人的气质与神韵。广场舞是中国特有的,由成群的活力充沛的大叔大妈们创造,只要有足够的空间就能一展舞姿,让看似离民众遥远的舞蹈融入普通百姓的生活。广场舞的舞种更是丰富多样,不仅有现代舞,双人舞,还有以纸扇、彩带为工具的民族舞,更有诙谐风趣的东北二人转,从中国南方到中国北方,无处不在舞着风采,舞着特色。

在国人齐观看的春节联欢晚会中,你能听到咿咿呀呀、字正腔圆的京剧,你能看到满场火热、活力四射的广场舞,若你再仔细一点,会发现严肃庄重的京剧居然有一些俏皮的影子,充满现代气息的现代舞也能呈现出古风古色的一面。是的,藏在这些细节中的是中国魂。

中国,传承与创新并存的民族,无须诧异她何能在世界民族之林永远伫立,生生不息,她以传承为支柱,创新为力量,她是与时俱进的泱泱大国,何以惧时代洪流?

传承时戏服翩跹的是中国。

创新时彩带飞舞的是中国。

**范例点评**:2017年高考全国Ⅰ卷作文属于多任务(指令)式任务驱动型材料作文。

写好此文,需完成如下指令:1.从材料规定的12个关键词中选择两三个关键词;2.呈现你所认识的中国;3.此文是帮助外国青年读懂中国,阅读对象是外国青年;"读懂中国"即写出中国的主要特征;4.选好关键词,关键词要有机的关联;5.选好角度,如写中国是创新之国,选择共享单车、高铁、移动支付即比较合适;6.明确文体,建议选择议论文,选择书信是聪明之举;7.自拟标题;8.不要套作,不得抄袭;9.不少于800字。完成上述九个指令方为佳作。

此作文核心指令:"关键词"+"关联"+"对象"。

此考生能完成"两三个关键词"指令,本文选择的关键词是"京剧"与"广场舞";也完成"有机的关联"指令,即以上两个关键词均能表现中国是个注重传承与创新之国;还完成了对象指令,本文有明确的对象意识,叙述者是位中国青年,读者是外国青年。

完成了各项核心指令,是此文得高分的关键。

## 专题 9
# 这样写话题作文

### 一、话题作文诞生背景

在二十世纪八九十年代,命题作文、材料作文曾是高考作文命题的主角,但由于其立意的限定性很强及文体单一,不利于考生写出有个性、有创意的作品,如1991年高考语文作文题"近墨者黑/近墨者未必黑",这是二选一的命题作文。如果选择前者,作文立意基本局限在"不好的环境让人变坏";如果选择后者,作文立意基本局限在"不好的环境未必让人变坏"。如1997年的高考语文作文为材料作文,限定在"助人为乐"的话题上写作,其他话题基本上都会偏题。自1999年起至2005年,全国高考卷作文均改考话题作文,话题作文(如2001年高考语文全国卷的"诚信")确实有较大的自由度和开放性,为考生释放了很宽广的创新空间,曾一度受到热捧。

### 二、什么叫话题作文

"话题作文"是个偏正短语,"话题"修饰"作文",即有固定话题的作文。作者须根据命题者规定的作文话题进行写作。"话题"给的是写作范围,话题作文的"要求语"里一般有拟题的要求,即作者围绕话题拟的一个标题,通常不用话题作为文章标题,因为这样会失去一次展示写作才能的机会,而且话题通常写作的范围很大,如果直接用话题作为文章标题,往往使标题显得大而无当。比如2001年高考语文全国卷作文是话题作文"诚信",一般不能以"诚信"为题,如果选取一个角度往往比较好写,如"诚信如金"就是从"诚信"的价值角度拟题的,角度小,容易写得比较深刻。

### 三、话题作文分类及立意重点

**1. 词语类**

如"诚信"(2001年高考语文全国卷)。立意方法:大题化小,角度小,如"诚信做人"。全文当以"诚信"为话题,"诚信"是文章核心关键词,立意、拟题、选材等均需围绕此话题,话题要多次明点,材料要暗扣。

**2. 短语类**

如"相信自己与接纳别人意见"(2004年高考语文全国卷)。立意方法:二者都写到,且写出二者辩证关系。其他短语要抓住短语的重点,重点见本书命题作文分析部分。

评定话题作文的优劣首先看作文写作是否符合所给话题,以2004年高考语文全国卷为例说明,2004年高考语文全国卷作文为话题作文"相信自己与听取别人的意见",评分标准如下:

一类立意:"相信自己"与"听取别人的意见"均写到,且写出二者的辩证关系。

二类立意:重点写"相信自己"与"听取别人的意见"的一者,另一者点到。

三类立意:写"相信自己"或者与"听取别人的意见",选取的是其中之一。

四类立意:文章行文中只点到"相信自己"与"听取别人的意见"中的一者。

五类立意:所写内容与"相信自己"与"听取别人的意见"无关联。

从评卷实际看,立意的优劣往往是文章得分高低的关键因素。

## 3. 句子类

"故事是有力量的"(2023年高考语文全国新课标Ⅰ卷)立意方法:吃透句子的内涵,句子限定了写作的范围,是核心关键句,回答"为什么"及"怎么办"当属深刻立意。

【例】

阅读下面的材料,根据要求写作。

《沁园春·长沙》抒发了青年昂扬向上、雄视天下的凌云壮志;《红烛》借"蜡烛"赞扬了"莫问收获,但问耕耘"的奉献精神,表达年轻一代的心声;《峨日朵雪峰之侧》营造了凝重而壮美的氛围,展现了青春之时卑微却强劲的生命力;《哦,香雪》展现了当"青春"遭遇"远方的世界"时,年轻人所迸发出的用知识改变贫穷落后局面、走出封闭的美好愿望。

以上四则材料给了你关于"青春的价值"怎样的触动?引发了你怎样的思考?请以"青春的价值"为话题,写一篇文章。

要求:结合材料,选好角度,确定立意,明确文体,自拟标题;不要套作,不得抄袭;不少于800字。

经典范例

### 以青春之我,助青春之中国

佚名

材料展现了四种不同的青春风采,但都展示了青春的共同价值:自强不息,敢为人先,为民族复兴助力。此价值在当今仍然是青春的核心价值,极具现实意义。

从古至今,中国青年一直在国家的发展中起到中流砥柱的作用,

无论是周恩来总理"安忍坐视而不一救耶"的呼告,还是燕园学子那"团结起来,振兴中华!"的呐喊,无一不在告诉我们:"最美的青春年华,一定要与家国梦想同频共振。"

100多年前,五四运动的爆发就像一道闪电撕裂了令人窒息的黑暗,像一把火炬引燃了燎原的烈焰。直到现在,五四运动的光芒还照耀在神州大地,星光熠熠其华灼灼。"外争主权,内除国贼"是青年们对祖国的谏言,"誓死力争,还我青岛"是他们对政府的呼吁,废除"二十一条"是他们对列强的憎恨。面对列强的侵略和政府的打压,中国近代的青年无所畏惧,他们试着用自己的青春力量将中国带进一个新的时代。

也许我们不会知道,在我们的爷爷那一辈,青年的生活是多么的艰难。莫言十几岁下乡支教,因为没有正规书籍,他只能把一本字典翻来翻去看上几十遍;韩少功15岁从长沙到汨罗天井茶场插队,一待就是六七年,平常只能看仅有的两本杂志。但是那个艰难贫瘠的时代,有多少人从边陲乡村走出国门,成为连接国内外的纽带,成为科研项目的拓荒人,对知识的热爱与不懈追求是中国现代青年对抗贫穷与苦难的武器,青春的价值就是自强不息,奋斗不止的勇气与毅力。

"乘风好去,长空万里,直下看山河。"放眼眺望中国,现在也不失这样的青年,北斗全球卫星导航系统最后一颗组网卫星发射成功,成功的背后是那平均年龄只有30岁的科研团队竭尽全力的付出。在复杂的对外关系的处理上,也有那么多的青年外交官秉承"苟利国家生死以,岂因祸福避趋之"的爱国信念而冲锋在前,青春的价值就是为国立功,为民请命的担当。

国际形势风云变幻,民族复兴近在当下。我们这一代青年,更是应该树立"为天地立心,为生民请命,为往圣继绝学,为万世开太平"的青春价值观,应该与国同行,与时俱进,为祖国发展而尽一己之力,为祖国迈出国门自信地走向世界而骄傲地欢呼,为努力实现中华民族伟大复兴而勇敢担当。

李大钊说过:"以青春之我,创建青春之家庭,青春之国家,青春之民族,青春之人类,青春之地球,青春之宇宙,资以乐其天涯之生。"江山不负青春泪,且把利剑破长空!

范例点评:本作文题是供材料的话题作文。写好话题作文的关键是全文需紧紧围绕话题展开。本文全文紧扣"青春价值"展开,标题暗扣话题,是个核心观点句,开头由材料引出全文中心论点"青春的共同价值:自强不息,敢为人先,为民族复兴助力。此价值在当今仍然是青春的核心价值,极具现实意义。"主体部分围绕话题分层横式展开,结尾用李大钊有关青春价值的名言收束。全文中心突出,结构严谨。

## 专题 10
## 这样写命题作文

### 一、什么是命题作文

"命题作文"是个偏正短语,"命题"修饰"作文",即有固定标题的作文。作者须根据命题者规定的作文标题进行写作。

### 二、如何给命题作文审题

所谓审题,就是作者对命题者命制的作文标题的结构、含意、文体等作分析,之后确定写作的主旨、结构和文体等思维过程。

命题作文的审题一般从结构、含意、文体三个方面展开。

审结构:不同的结构,写作的重点与范围不一样。比如"诗意地生活"(2007年高考语文湖南卷作文),为一个偏正短语,此处的重点是"诗意",怎样生活才有"诗意"是思考的重点,此处的"生活"是动词。

审含意:命题作文的标题可以是词、短语或句子,一般而言词、短语或句子既有表层义,又有引申义,既可实指,又可虚指。立意时,尽量落在词、短语或句子的引申义上。比如命题作文"又见花儿烂漫"中的"花儿",可以理解为"美好事物",如果仅从字面或实指上立意,文章很难写深刻。

审文体:命题作文的标题如果是个独词,比如高考作文题"习惯""尝试"等,文体选择的自由度比较大,选择记叙文、议论文均可,一般情况下建议写议论文。命题作文的标题如果是个短语或句子,文体选择可能受限,比如"带着感动出发"适合写议论文,"提篮春光看妈妈"则选择写记叙文更合适。

### 三、命题作文分类及立意重点

根据标题的结构可将命题作文分为独词类、短语类、句子类。独词类又分为名词、代词、动词等;短语类可分为主谓短语、动宾短语、偏正短语、并列短语等;句子类的句子通常是个单句,观点往往在句中,一定要考虑句子是否有引申义,比如"我有一双隐形的翅膀"(2009年高考语文北京卷作文)中的"翅膀"是个喻体,除了把什么比作"翅膀"是思考立意的重点,还要考虑句子是否有两个或三个核心关键词,如果是,就要理清它们之间的关系,比如"带着感动出发"(2008年高考语文安徽卷作文)一句中,"感动""出发"是核心关键词,二者是因果关系,作文立意需写清二者之间的逻辑关系方能称得上立意深刻。

**1. 独词类**

如"在线"(2022年高考语文北京卷),立意当"大题化小",一般只能写某一类人或某个小角度,如"父母""子女""改革"。

**2. 主谓短语类**

主谓短语,当重点写谓语,如"我能"(2008年高考语文天津卷)。当重点写"能"。

**3. 动宾短语类**

当重点写动词,如"触摸城市/感受乡村"(2008年高考语文浙江卷),当重点写"触摸""感受"。

**4. 偏正短语类**

当重点写修饰语,如"文明的韧性"(2019年高考语文北京卷),当重点写"文明";"诗意地生活"(2009年高考语文湖南卷),当重点写"诗意"。

## 5. 并列短语类

当写出二者辩证关系,如"一步与一生"(2007年高考语文四川卷),重点写"一步与一生"的辩证关系。

## 6. 句子类

如"我有一双隐形的翅膀"(2009年高考语文北京卷),当吃透句子中每个词的内涵并紧扣每个词去写作,"我"非别人,"有"表示已存在,"一双"是两个,"隐形的"表示是肉眼不能直接见到的,"翅膀"表示的是动力的来源,此句子包含5个指令,指令均完成才符合作文要求。

【例】(2007年高考语文四川卷)

请以"一步与一生"为题,写一篇作文。

要求:①文体不限。②不少于800字。

 **经典范例**

## 一步与一生

四川一考生

与一望无际的撒哈拉沙漠相比,一步单薄而弱小;与直入云霄的巍峨险峰相比,一步渺小而无力;与漫长的人生之路相比,一步更是微不足道。如果人生是泰山,一步似乎轻如鸿毛。

然而,毋庸置疑,所有的沙漠都得靠一步一步走出来;所有的山峰都得靠一步一步攀登才能到达顶峰;所有的人生之路都得靠自己一步一个脚印,踏踏实实朝前走,才会有希望!

一步决不是生命中小小的附带品,一步可以昭示一生,可以影响一生,可以决定一生。

一步可以铸就一生的辉煌。在生与死的抉择中,司马迁选择了为事业而隐忍苟活,这一步助他挥洒满腔抱负,笑现一生理想;这一步,让他彻底忘记了自己所受的摧残和侮辱；这一步，让无韵之离骚传唱千年。

一步可以成就一生的伟业。1950年著名科学家钱学森毅然决然地放弃在美国的一切优厚生活待遇，投身到新中国的火箭、导弹和航天事业，为中国的国防事业作出了不可磨灭的贡献，被誉为"中国航天之父""火箭之王"，他离开美国的这一步，成就了他一生伟业，他的事迹也激励无数科研工作者为国家的科技进步而不懈奋斗。然而，这一步的意义已被历史证明，从这一步起，成功与财富已注定不会溜走。

一步可以改变人生的轨迹。鲁迅认清了国民的病症所在，愤而弃医从文。这一步是鲁迅人生的大转折，这一步使鲁迅脱胎换骨，坚定地走上了革命救国的道路。

一步可以成就一生，一步也可以断送一生，甚至毁灭一生。

还记得乌江边拔剑自刎的悲剧英雄吗？其实鸿门一宴，那一步错棋，放走了刘邦，已埋下失败的种子。一步走错，满盘皆输。

那"冲冠一怒为红颜"的典故不也影射了这个道理吗？吴三桂当年如若投降李自成，虽落得个背弃明朝的坏名声，但至少不算民族败类。却为了倾城美人陈圆圆，竟冲冠一怒，走出了遗臭万年的一步，引清兵入关，做了大汉奸。致使汉家天下沦陷于满人之手，而自己最终落得身败名裂，满门抄斩。真是一步走错，万劫不复。

如今，许多青少年易冲动做出傻事。他们的一步在一瞬间迈出，却毁灭了美好的青春，留给人一生的痛苦。一步对于一生，实在影响巨大。

一步与一生紧密相连，走好人生的每一步，他的一生必然会充实而精彩，而在某刻迈出错误一步的，他的人生就会向错误、危险的方向发展下去。人常说：不积跬步，无以至千里。郑重地走好每一步，就是走好一生。

范例点评:2007年高考语文四川省卷作文"一步与一生"为命题作文,题目为并列短语,短语中有两个核心词"一步"与"一生",二者为因果关系,此文也属于二元思辨型作文,命题意图是考查考生的思辨能力。写好此文的关键在于审题,如果弄清楚题目两个核心词为因果关系,就必须围绕这两个核心词去立意。本文由一组很有文采的排比、比喻、对比句切入,明确提出中心论点"一步决不是生命中小小的附带品,一步可以昭示一生,可以影响一生,可以决定一生"。主体部分采用了正反对照结构,第一层从正面写"一步"走得好对"一生"的正面影响,这一层内部又用横式结构,分别提出三个小分论点"一步可以铸就一生的辉煌""一步可以成就一生的伟业""一步可以改变人生的轨迹"。主体部分第二层次从反面写"一步"走错对"一生"的负面影响。结尾部分与开头与主体部分照应,逻辑性强,结构严谨。

## 专题 11
# 这样写新材料作文

### 一、新材料作文诞生背景

2006年高考语文全国卷语文作文试题出现了一种新的命题形式,官方称之为"新材料作文",此类作文题是在经过多年命题探索、总结高考作文得失基础上出现的。

2006年至2014年高考语文全国卷试题新材料作文的命题"要求语"中"选择一个角度构思作文,自主确定立意,确定文体,确定标题",这取自话题作文的开放性要求,而"不要脱离材料内容及含意的范围作文,不要套作,不得抄袭"则取自命题作文的限制性要求。此类作文,做到了限制性和开放性相结合。这既有利于高校选拔人才,又有利于学生个性的发挥,成为当时至当下高考作文命题的新宠,考生当务必掌握之。

### 二、新材料作文分类及立意方法

(一)分类

根据材料的形式可将新材料作文分为故事类、议论类、名言类、诗歌类、漫画类等类型。

## (二)新材料作文立意方法举隅

### 1. 明确类型法

首先要辨明所提供的材料是故事类、名言类、议论类材料等几种形式中的哪一类。故事类材料里包含的人生哲理或社会真理,考生需要辨别其中的逻辑关系,才能提炼出来;名言类材料虽然提供了明确的句子,但考生同样需要弄明白材料中的逻辑关系才能找到其中蕴含的哲理;议论类材料可能是一段或几段材料,考生需要明白议论的话题及议论的中心,话题可能是一个或数个,对某个问题的认识可能有几个,这样可选的角度也可能是几个。

示例:阅读下面的材料,根据要求写一篇不少于800字的文章。
①佛罗伦萨诗人但丁的名言:"走自己的路,让别人去说吧!"
②波兰谚语:"常问路的人不会迷失方向。"

材料解读:此材料作文属于名言类材料作文。两则名言的核心词是:走自己的路、常问路。材料①"走自己的路"强调要有坚定的信念;材料②"常问路的人不会迷失方向"强调在走路时要有虚心求教的精神。两者都很有道理,但都只是就某一方面而言,两者互补结合起来,既全面又很合理。因此可以辩证立论:既要有"走自己的路"的坚定信念,又要有"常问路"的虚心精神,才能走好自己的人生之路。

### 2. 提炼中心法

材料作文的"要求语"中一般有"不要脱离材料内容及含意的范围作文"这句话,故提炼出材料的主旨并根据此立意来写材料作文是最常见且最稳妥的立意方法。写材料作文时,如能准确地提炼出材料的中心,并以其作为文章的主旨,一定会使所写文章既切题又有深度。写材料作文时应尽量采用这种方法来立意。

示例:(2013年高考语文新课标Ⅰ卷)读下面的材料,根据要求写一篇不少于800字的文章。

一位商人发现并买下一块晶莹剔透、大如蛋黄的钻石。他请专家检验,专家大加赞赏,但为钻石中有道裂纹表示惋惜,并说:"如果沿裂纹切割成两块,能使钻石增值;只是一旦失败,损失就大了。"怎样切割这块钻石呢?商人咨询了很多切割师,他们都不愿动手,说是风险太大。后来,一位技艺高超的老切割师答应试试。他设计了周密的切割方案,然后指导年轻的徒弟动手操作。当着商人的面,徒弟一下子就把钻石切成两块。商人捧起两块钻石,十分感慨。老切割师说:"要有经验、技术,更要有勇气。不去想价值的事,手就不会发抖。"

材料解读:分析这则材料,我们可以提炼出这样的中心意思:这则材料通过写老切割师靠经验、技术、勇气成功切割别的切割师不敢切割钻石的故事。据此,提炼出如下观点:做任何事都需要经验、技术更要有勇气。

**3. 抓关键词、关键句法**

关键词、关键句常常能透露出材料的主旨,关键词是体现主旨的核心词,关键句往往就是材料中表达观点、看法的句子。抓住这些关键句,分析其本质含意,就能较准确地把握材料主旨,准确地审题立意。

示例:(2009年合肥市高三第三次教学质量检测)读下面的材料,根据要求写一篇不少于800字的文章。

有个男孩养了只小乌龟。在一个寒冷的日子里,小男孩想让这只乌龟伸出头来。于是,他试着在旁边大声呼喊它,用手拍打它,然而任凭他怎么喊怎么拍,乌龟就是一动也不动,气得他一整天嘟着小嘴,很不开心。他的祖父知道了这件事,笑了一笑,把那只乌龟放到一个暖炉的旁边。过了一会儿，乌龟感到很温暖，渐渐地把头、四肢和尾巴伸出了壳外。男孩见此开心地笑了，他终于了却了自己的心愿。他的祖父对他说："当你想完成一件事或者让别人按照你的意思去改变时，需要用心考虑该怎么做，记住这一点非常重要。"男孩听后若有所悟地点了点头。

材料解读：此材料有三个关键词，即"办法""用心考虑""怎么做"。关键句为议论句，即"当你想完成一件事或者让别人按照你的意思去改变时，需要用心考虑该怎么做，记住这一点非常重要。"立意可参考为：做事要讲方法；做好任何事要用心考虑，途径要正确；做事要掌握事物规律等。

**4. 辩证分析法**

对于材料作文中有两个相对相反的核心词时，最佳立意是应辩证思考。这两个词很可能是对立统一关系，不能只看到它们之间的对立关系，更要看到它们之间的统一关系，因为任何事物都是相互联系的，而且从不同角度看会有不同的答案，最好的办法是辩证地思考，立意时全面考虑，写出二者的辩证关系。

示例：(2014年高考语文安徽卷作文)阅读下面的材料，根据要求写一篇不少于800字的文章。

一位表演艺术家和一位剧作家就演员改动剧本台词一事，发表了不同的意见。

表演艺术家说：演员是在演戏，不是念剧本，可以根据表演的需要改动台词。

剧作家说：剧本是一剧之本，体现了作者的艺术追求；如果演员随意改动台词，就可能违背创作的意愿。

要求：选好角度，确定立意，明确文本(除诗歌外)，自拟标题，不要脱离材料内容及含意的范围作文;不要套作,不得抄袭,不得透漏个人相关信息;书写规范,正确使用标点符号。

材料解读:此作文立意可抓住以下几个关键词"执着""变通""合作""交流""根据需要""不可随意"等。从表演艺术家话中我们可以衍生出"变通""根据需要""随机应变""具体问题,具体分析"等话题,从剧作家话中我们可以延展出"执着""不可随意""坚持原则"等话题,从化解二者矛盾角度我们可以延展出"合作""交流"等话题。

### 5. 多向辐射法

有些材料作文的材料可能比较散,常常出现多人或多事,没有一个明确的中心。对于这样的材料作文,学生审题时可以采用多向辐射的思维方法围绕材料来立意。

示例:阅读下面的材料,根据要求写一篇不少于800字的文章。

某大学书友会通过走访、问卷调查以及深入城市社区观察,对实体书店进行了广泛而深入的调查研究,他们发现由于网络书店和电子图书的冲击,近半实体书店关闭或转行;一部分书店改变经营模式,满足读者多元化需求,如"24小时书店"设有供"背包客"借住的小房间,供休闲的茶座、咖啡吧等,育才书店每周举办朗诵会、读书会、名家讲座、读书沙龙等文化活动;极少数书店坚守传统经营模式,走特色书店、专业书店道路……

结合材料的内容和含意,写一篇文章。

要求:选好角度,确定立意,明确文体。自拟标题,不要套作,不得抄袭。

材料解读:这是一则材料作文,材料主要内容为不同实体书店为摆脱困境所采取的种种做法。此文可采用多向辐射法审题立意。

从内容层面来立意,①适应时代潮流,实体书店转行实为明智之举;②实体书店改变经营模式,满足读者多元化需求;③坚守传统经营模式,为纸质图书发烧友留一方净土;④实体书店要走出困境不妨和网络书店"联姻"。

从含意层面来立意,①优秀传统行业岂能轻言退出;②与时俱进,传统行业方能焕发生机;③坚守自我,走出困境,传统行业应有文化自信;④社会发展需要不断地推陈出新等。

**6. 由果溯因法**

任何事物的产生、发展和变化,都有其内在或外在的原因。因此,阅读分析材料的因果联系,从原因切入立意,是行之有效的方法。

**示例**:阅读下面的文字,根据要求写一篇不少于800字的文章。

枭逢鸠。鸠曰:"子将安之?"枭曰:"我将东徙。"鸠曰:"何故?"枭曰:"乡人皆恶我鸣,以故东徙。"鸠曰:"子能更鸣可矣,不能更鸣,东徙犹恶子之声。"

**材料解读**:此作文属于故事类材料作文,立意可用由果溯因法。枭因"乡人皆恶我鸣"而东徙,却不知"东徙犹恶子之声"。枭不知乡人"恶我鸣"的真正原因是"恶子之声",即使枭搬到东边村里,照样招人讨厌,原因是它没有从根本上解决问题。故立意可以有以下几种:与其改变环境,不如改变自己;治标不如治本;认识到自己的不足,还要找到完善自我的恰当的方法;赢得社会认同,在于完善自己等。

**7. 分清褒贬法**

有的材料在叙述、说明或评论某个事物时,明显地流露出作者的情感倾向,这样我们可从材料的情感倾向入手来审题立意。

**示例**:阅读下面的文字,根据要求写一篇不少于800字的文章。

郑国有一个人在一棵树下避暑,他随着阳光的变化和树影的移动,挪动自己的席子,以此来纳凉。等到黄昏时,他又把席子挪到树下。月亮出来了,他又按照月光和树影的移动,挪动席子来避免露水淋湿衣服。结果露水照样淋湿了他的衣服,他仍然随着月下的树影移动自己的席子,衣服越来越湿……

**材料解读**:此作文属于故事类材料作文,立意可用由果溯因法。材料中的情感倾向十分明显,"郑人用'纳凉'的办法'防露'历来被当成笑柄",贬斥之意溢于言表。客观环境变了,郑人的主观意识和行动却不能随之变化,故步自封,墨守成规,"淋湿衣服"是必然的。它提醒人们要适应客观环境的变化,不断更新思想观念,推进事业的发展。

**8. 解读寓意法**

比喻性材料,或者寓言、漫画类材料,大多用动植物的故事来折射人类的现实问题,我们要解读好其比喻义、象征义,联系现实,准确立意。解读这类材料,进行准确立意,要注意以下几点:①找出喻体、本体及相似点。要对喻体的特点进行把握,找本体时要有对应的相似点。②整体把握材料、话题喻义。要有整体意识,不要只抓住一点不放。③依据材料联想找类比事例。比喻型话题的理解,要善于从所提供的材料中去找到理解的突破口来理解比喻义。当拿不准本体时,所举事例尽可能要和材料包含的道理相同——比喻义相同或者类比一致。

## 三、如何写好新材料作文

写好新材料作文应抓住 5 个重要环节:读题目—知含意—选角度—定主旨—选文体。

**(一)读题目**

读作文题目分两步:第一步为浏览,浏览后快速把握题目的层次;

第二步为精读,要求在理解层次基础上把握材料的内容、出题者提示的写作角度及要求等。

新材料作文题目多由三部分构成,即"材料语"+"提示语"+"要求语",如2007年高考语文新课标卷及2007年高考语文北京卷。从表达方式上,材料语多叙述,提示语多议论,要求语多说明。浏览后当理清题目的三个层次。下面以2007年高考语文新课标卷的材料作文为例说明。

法国化学博士别涅迪克做实验时,有一个烧瓶掉在地上裂而不碎。他很好奇又一时找不到答案,就将烧瓶贴上标签,注明问题,保存起来。一天,他偶然看见报道说,有两辆客车相撞,司机和乘客都被挡风玻璃碎片划伤了。他立刻联想到那个烧瓶,经过化验,发现烧瓶曾经盛过硝酸纤维素溶液,这种溶液蒸发后留下一层无色透明的薄膜,牢牢地黏附在瓶壁上起到了保护作用。"如果将这种溶液用到汽车玻璃上,车里的人不是更安全吗?"因为这个意外的发现,别涅迪克博士获得20世纪法国科学界突出贡献奖。(材料语)

对此,有人评论说,创造需要机遇,更需要执着地追求。也有人评论说,创造并不像我们想象的那么困难,那么崎岖,那么遥远。(提示语)

要求选择一个角度构思作文,自主确定立意,确定文体,确定标题;不要脱离材料的内容及含意的范围作文,不要套作,不得抄袭。(要求语)

新材料作文的另一种表述形式为"材料语+要求语",2008年高考语文全国各地的8套高考卷新材料作文多为此类型。如2008年高考语文福建卷:

三个人走进商店。一个人买了一瓶果汁,说:"我喜欢甜的。"一个人买了一杯咖啡,说:"我就喜欢这又苦又甜的滋味。"还有一个人买了

一瓶矿泉水后说:"我喜欢淡淡的矿泉水。"(材料语)

要求选择一个角度构思作文,自定立意,自选文体,自拟标题;不要脱离材料的内容及含意的范围作文,不要套作,不得抄袭。(要求语)

(二)知含意

精读材料后首先要能把握材料的内容、概括出故事的中心等。(下面均以2007年高考语文新课标卷为例)该套试卷材料内容为:法国科学家别涅迪克发明裂而不碎玻璃。中心可概括为:科学家发明靠的是细心、严谨、执着,有好奇心,注意积累,善于联想,善抓机遇等品质。

(三)选角度

提示语中往往含有写作的角度,精读提示语以后明确命题者提出的写作角度有哪些。上述材料的提示语标示的写作角度分别是:

1.有人评论说,创造需要机遇,更需要执着的追求。

2.也有人评论说,创造并不像我们想象的那么困难,那么崎岖,那么遥远。

"有人评论说……""也有人评论说……"可以理解为命题者直接提示的写作角度,我们可任选一句作为写作的中心,在应试时运用此法既简单又保险(立意正确与否往往最影响阅卷者评分的高低)。我们也可从中提取出写作的话题——"创造"。以"创造"为话题写作,无疑也是在材料的含意范围内。

上述提示语的第二点是从否定性的角度陈述的,转换为自己的观点时应尽量用肯定性的表述:科学家的创造来自生活,来自身边。

除了从"提示语"找到写作角度外,我们尚可揣摩"材料故事",研读能表现人物品质的细节及人物的特性,从中概括出写作的角度。还以上述材料为例说明。

1."法国化学博士别涅迪克做实验时,有一个烧瓶掉在地上裂而不碎"。重点应抓住"裂而不碎"这个细节,一般人可能不会抓住这种瞬间发生的现象却被科学家捕捉住了,并发明造福人类的新型玻璃,我们由此可得出一个结论:科技创新(创造)者要具备注重细节的品质。

2."他很好奇又一时找不到答案"中的"好奇"一词可直接得出的结论是:科技创新者须具备好奇心的品质。"又一时找不到答案"表明科学家已经关注这种奇特的现象并有所思考,可据此概括出一个写作角度:科技创新者须具备善于思考的品质。

3."就将烧瓶贴上标签,注明问题,保存起来",对此句应重点注意三个动词短语"贴上标签""注明问题""保存起来",据此可概括出一个角度:科技创新者须有严谨的态度,注重积累的品质等。

4."一天,他偶然看见报道说,有两辆客车相撞,司机和乘客都被挡风玻璃碎片划伤了。他立刻联想到那个烧瓶",交通事故、发明挡风玻璃两个表面上看似不相关的事,科学家却将它们联系起来,进行相关的联想、分析和思考,这是科学家取得成功的关键,由此可概括出一个角度:科技创新者须有联想品质,善于分析和思考;要关注社会等。

(四)定主旨

明确材料故事含意及精读提示语后,归纳出多个写作角度,此时当从中选择一个最适合自己的角度定主旨。上述材料合适的主旨有:科技创新者需要有①细致观察的品质②强烈的好奇心③严谨的态度④积累的习惯⑤思考分析的习惯⑥联想的能力⑦机遇⑧执着的追求——科技创新⑨来自身边⑩来自关注社会等。

什么是最适合自己的角度、立意?笔者认为应根据自己的生活经历、性格特点、写作习惯、写作兴趣、知识积累、擅长的文体、作文材料积累等因素而定。

### (五)选文体

考场中,考生除须具备快速、准确阅读理解材料的能力,快速选择角度,确定立意外,还必须有快速选择文体的能力。文体的选择应考虑到材料的含意、选择的角度、主旨以及自己擅长的文体等因素。高考中,思想深刻,材料丰富,逻辑性强、思辨性强,有文采的文章易得高分。一般而言,做到以上某一点或几点,宜选择议论文体。关于文章结构,宜用"引一析一联一结"结构。"引"即选择材料中感触最深的一点切入;"析"即概括分析材料,阐明材料的实质或重点,之后延展发散提出自己的认识;"联"即联系古今中外典型事例或名人名言作分析论证,建议此部分尽量能结合原材料阐述;"结"即得出结论,此部分从文章结构严谨的角度考虑,最好与文章的标题或开头照应一下。

做好上述几点后,可快速布局谋篇,选择典型材料,恰当表达,最终写就考场佳作。

**【例1】(2022年高考语文全国甲卷)**

阅读下面的材料,根据要求写作。

《红楼梦》写到"大观园试才题对额"时有一个情节,为元妃(贾元春)省亲修建的大观园竣工后,众人给园中桥上亭子的匾额题名。有人主张从欧阳修《醉翁亭记》"有亭翼然"一句中,取"翼然"二字;贾政认为"此亭压水而成",题名"还须偏于水",主张从"泻出于两峰之间"中拈出一个"泻"字,有人即附和题为"泻玉";贾宝玉则觉得用"沁芳"更为新雅,贾政点头默许。"沁芳"二字,点出了花木映水的佳境,不落俗套;也契合元妃省亲之事,蕴藉含蓄,思虑周全。

以上材料中,众人给匾额题名,或直接移用,或借鉴化用,或根据情境独创,产生了不同的艺术效果。这个现象也能在更广泛的领域给人以启示,引发深入思考。请你结合自己的学习和生活经验,写一篇文章。

要求:选准角度,确定立意,明确文体,自拟标题;不要套作,不得抄袭;不得泄露个人信息;不少于800字。

 经典范例

## 莫忘移用巧借,更要独创先河
### 四川一考生

大观园试才题额,典用之妙似山林巍峨,巧借之势如江河浩瀚,而宝玉之独创更如启明星闪烁,众人称赞。题额吟诗尚且如此,为人处世、社会运行更应如是。如何处理创新和传承的关系,是我们需要思考的问题。莫忘移用巧借,独开先河更可贵。

传承精华,守正创新,活用显真意。中华文化灿烂恢弘,深邃厚重。正如取名之"翼然",既表现了亭子的位置,更表现了醉翁一般怡然自得的心境。这样的传承,在中国航天的命名中亦可觅。我们称导航卫星为"北斗",为信息传递指引方向;称探月工程为"嫦娥",在皎洁月宫中遨游;称火星车为"祝融",以火神的勇气探索未知,中国的传统得以洒向苍穹。而仅仅传承远远不够,人们还应赋予传统以新的色彩,便如"泻玉"。"玉"字的新用,更凸显了泉水如玉。2022年的北京冬奥会便活用了不少中国传统文化。"二十四节气",原本只运用于农耕时令,而今表达了时间流转中不同岗位的人对体育盛会的期待;"折柳寄情",从个体的离别愁绪中抽离出来,升华为世界人民对于相聚的珍惜。

"翼然""泻玉"虽好,而宝玉之"沁芳"更佳,溯其根本,在于他依时据地,推开了引用古文的桎梏,如一枝红杏,以新意独出墙来。

独开先河,依据情境独创新"沁芳",既点明花草水亭的优雅,富含审美增量,又暗含元妃省亲之事。谢家长幼雪天论雪时,谢朗仅将雪比作空中撒盐,而谢道韫能独创新意,"未若柳絮因风起"更写出了雪的纷扬之感,亦蕴含"冬天来了,春天还会远吗"的深远意味。中国的生态之路也是如此,前有西方"先污染后治理"的老方法,后有中国根据自身国情独创"绿水青山就是金山银山"的生态发展新途径。于是一幅"青山不墨千秋画,绿水无弦万古琴"的大美画卷徐徐展开。

这在我们学习方法、文学创作中都有指引,市面上铺天盖地的学霸笔记,终不如自己归纳总结的好用。直接套用公式可以解决部分问题,但新思路总是须从独立的思考中得以诞生。鲁迅先生创作的白话文小说,更是文言文中的创新之流,当然,我们学宝玉之新并不是一味地追捧新兴事物,盲目创新。王小波曾说:"胡思乱想并不有趣,有趣的是有道理而且新奇。"我们创新之新,是建立在周全的考虑和对情境的思量之上的有道理之新。

红楼悠悠,我们不妨从题对额学起,从浅层中积累,向深层发展。在传承中锐意创新:传承传统,在隽永的传统中赋予新时代的活用,创新可贵,依情境独创,开前人未有之先河。

**范例点评**:本文由材料"大观园试才题额"切入,从感触点"宝玉之独创"生发,巧妙地通过"题额吟诗尚且如此,为人处世、社会运行更应如是"一句过渡,衍生出一般性、普适性道理:"如何处理创新和传承的关系,是我们需要思考的问题。莫忘移用巧借,独开先河更可贵"。此开头是写好新材料作文比较稳妥的写法。

文章主体部分从移用、借鉴到独创,进而引申到对自我的学习实践的思考。为了增加论证的严谨性和说理的严密性,考生对创新做了进一步说明,最后发出呼吁:"在传承中锐意创新:传承传统,在隽永的传统中赋予新时代的活用,创新可贵,依情境独创,开前人未有之先河。"全文收束有力。

**【例2】**（2011年合肥市高三第二次教学质量检测）

阅读下面的文字，根据要求作文。

漫画大师丰子恺曾挥毫画了幅《卖羊图》：一个农人牵着两只羊，到羊肉馆卖给老板。不料一位农民看了，却连连摇头，笑着说："多画了一条绳子。"丰子恺听了，回过头来又仔细看看自己的画，想不通：两条绳子牵两只羊，哪里多了绳子？这时，那个农民告诉他："牵羊只需牵头羊，不管多少只，只要一条绳子就够了！"丰子恺叹服。

上面的文字，引发了你怎样的联想或感悟？请根据你的联想或感悟写一篇文章，不少于800字。

 **经典范例**

## 抓住关键　拥抱成功
### 合肥一考生

农人的一席话，令漫画大师丰子恺叹服：牵羊只需牵头羊！这样简单朴实的一句话，在我们身边，却有普适的意义：面对复杂的问题，应当抓住其关键着手解决，关键突破了其他问题也都将迎刃而解。

在学术问题上，这句话是很适用的。新中国培养的第一代药学家屠呦呦为了研发治疗疟疾的药物，翻阅了中国古代大量史书，拜访了许许多多的老中医，汇集了2000余种药方，经过无数次临床试验，终于研制出对疟原虫有100%疗效的青蒿素。借鉴古人的智慧、不断的实验是屠呦呦成功的关键。

在战事上，抓住问题的关键才能制定合理的策略，采取正确的方法，才能更好地解决问题。赤壁之战，曹操下令将舰船首尾相连，人马于船上如履平地，其声势浩大，令凡夫俗子胆战心惊，不知如何应对。但这阵势却丝毫不能困扰公瑾、孔明之辈。他们看出曹军铁锁连船，无法分离,又得知曹军水性几近于无,想出了火攻的妙计。曹军暴露了自己的劣势,而另一方的公谨、孔明一眼将其识破,便是抓住了问题的关键。在战事上,战争的一方若要得胜,必应抓住关键,洞悉对手的弱点,方能克服己方的劣势,取得胜利。

漫漫人生之路,抓住问题的关键显得更为重要。著名作家柳青曾说过,人生的道路虽然漫长,但紧要处往往只有几步,尤其是当人年轻的时候。把握好人生的关键,才能赋予自己的人生以积极意义,才能让自己的人生焕发光彩。把握好关键的例子不胜枚举,比如首届国家最高科学技术进步奖得主、杂交稻之父袁隆平在大学毕业后,没有留在舒适的都市,而是转战田间地头,立志用农业科学技术击败饥饿威胁,利用所长长期从事水稻雄性不育试验,终于成功地育成了杂交水稻,为中国乃至世界水稻增产开辟了新的途径。

把握不好人生关键的也不计其数。曾经轰动一时的云南大学"马加爵事件"就是典型,云南大学大四学生马加爵高中时曾获全国中学生物理竞赛二等奖,大学又考取的是211重点大学,即将大学毕业,作为祖国未来的栋梁,本应有美好的人生,却因与同寝室同学发生几句口角,便举起铁锤杀死了同寝室的四名同学,葬送了大好前程,让人扼腕叹息。

我们青年又何尝不是如此呢?青年时期的我们精力充沛,满怀梦想,正面临人生的关键一步。走好这一步,抓住了关键,对日后的发展意义深远。人生这样一个需要长久的求索的大问题,正是有了这样可以抓住的关键,正如羊群里出现的头羊,给了我们把握的契机。

若人生漫长庞杂如群羊,抓住关键如牵动头羊。抓住问题的关键便能引导问题的主流。牵动了头羊,羊群便都跟随;抓住关键,问题便能够得以解决!

范例点评:本文由材料切入,抓住了材料感触点农人"牵羊只需牵头羊",由特殊性道理,延展出一般性道理:"面对复杂的问题,应当抓住其关键着手解决,关键突破了其他问题也都将迎刃而解"。文章主体部分分别从学术、战事、人生等角度阐述抓住关键对于成功而言的重要性,接着运用对比论证的手法,从人生的角度论证了抓住关键的重要性,最后联系青年实际阐述抓住关键的重要性。文章结尾与标题、开头、主体部分照应,严谨有致。

## 专题 12
# 这样写记叙文

## 一、记叙文写作基础知识

### (一)记叙文定义以及分类

**1. 定义**

记叙文是以记人、叙事、写景、状物为主,以写人物的经历和事物发展变化为主要内容的一种文体形式。

**2. 分类**

从写作内容与写作方式来看,记叙文可分为简单的记叙文和复杂的记叙文两类。根据写作对象的不同,可分为四类:①写人为主的记叙文;②叙事为主的记叙文;③写景为主的记叙文;④状物为主的记叙文。

### (二)记叙文六要素

记叙文六要素一般指时间、地点、人物、事情的起因、事情的经过、事情的结果。

时间指事情发生的年、月、日、季节等时间概念。地点指环境和事情发生的地点。人物一般指写事情里的人物。事情的起因指为何发生这件事。事情的经过指事情的来龙去脉。事情的结果指事情的结局。

### (三)记叙文立意的侧重点

写人为主的记叙文一般侧重写出人物的思想品质、性格特征等,如魏巍的《谁是最可爱的人》。

记事为主的记叙文一般侧重写出事件的意义和影响等,如鲁迅的《一件小事》。

写景状物为主的记叙文一般须抓住景物的特征,在景物描写中蕴含作者思想感情等,如朱自清的《春》。

## 二、记叙文写作基本技能

**1. 六要素清晰**

记叙文里要写清楚与事件相关的时间、地点、人物以及事件的起因、经过、结果等。

**2. 立意明确,有真情实感**

写人为主的记叙文,人物的思想品质、性格特征突出;记事为主的记叙文,能写出事件的意义和影响等;写景状物为主的记叙文能抓住景物的特征,在景物描写中融入作者的思想感情,在状物中,运用象征手法,能够表达作者的情志等。

**3. 结构严谨**

脉络清晰,注意叙事的顺序,无论是顺序、倒序、插序都有必要的过渡、照应、铺垫或伏笔等。

**4. 取材典型**

文章能围绕中心选材,材料典型,不简单堆砌,每个材料都有明确的中心指向。

**5. 表达有技巧**

注意前后文中人称的一致,叙事视角的明晰;以写人、叙事为主的,能够适时运用描写、抒情、议论等表达方式,记叙文中的抒情、议论句往往是点睛之笔、主题升华之句;描写人物的方法多种多样,细节描写生动;叙事有悬念、有波澜等。

**6. 语言通顺的基础上力求生动出彩**

【例】(2021年高考语文北京卷)

从下面两个题目中任选一题,按要求作答。不少于700字。将题目抄在答题卡上。

(1)每个人都生活在特定的时代,每个人在特定时代中的人生道路各不相同。在同一个时代,有人慨叹生不逢时,有人只愿安分随时,有人深感生逢其时、时不我待……

请以"论生逢其时"为题目,写一篇议论文。

要求:论点明确,论据充实,论证合理;语言流畅,书写清晰。

(2)瓜熟蒂落、羽翼丰满,这是草木鸟兽成熟的模样;但对我们而言,真正的成熟却不仅仅指身体的长成……

请以"这,才是成熟的模样"为题目,写一篇记叙文。

要求:思想健康;内容充实,有细节描写;语言流畅,书写清晰。

 经典范例

## 这,才是成熟的模样

北京一考生

时间:1999年5月8日

地点:中国街头

天气:灰沉沉

我是偶然听到爸爸讲起的。当年,他还是个意气风发的大学生,在象牙塔里的他从新闻里得知了中国驻南斯拉夫大使馆被以美国为首的北约用导弹轰炸的事件后,义愤填膺的中国青年们胸中涌动着

"五四"的热血,仿照先辈们走出象牙塔,走向人潮汹涌的街头,用毛笔写出"解散北约"的大字,一路步行前往县城抗议。他们拒绝观看全球热映的《泰坦尼克号》,用沉默对抗暴力。校长闻讯赶来,语气深沉地斥责他们:"你们实在太年轻了。就凭现在的你们,能够研制出抵御导弹的防御系统吗?"热血的青年们虽然愤怒但也明白,这是现实。年轻的人群,最终还是悲愤寂寞地散去。

时间:2010年4月14日

地点:中国街头

天气:依然灰沉沉

那时候我还小,却在新闻里不断听到了"救灾""地震"的字眼,爸爸妈妈这一次没有走上街头,却一直默默地和隔壁的叔叔阿姨忙碌地搬着各种东西下楼。我好奇地问爸爸:"这是怎么了?"爸爸回答:"青海玉树发生了7.1级地震,爸爸正在准备物资去救援呢。"看着忙碌的人群,我问:"那里有小朋友受伤吗?"爸爸严肃地说:"当然有啦。"看着忙碌的大人,我想了想,也赶紧回屋收拾了很多玩具,装进了物资箱。看着心爱的变形金刚随着车子远去,我好像也长大了一点。

时间:2021年2月19日

地点:边境

天气:灰沉沉中有一丝曙光

2021年2月19日,我已经懂事,也学着爸爸看起了新闻。我国媒体首次披露了去年6月15日,我国四名戍边战士牺牲的细节。那时的我已长大,和当年的爸爸一样,我传承着奔流在中国人血管里的血性,打算召集同学们一起走上街头去抗议。但已经成为工程师的爸爸按住了我,冷静地告诉我:"时代不同了,年轻一代,应以实力来抗议。"然后他带我去了书房,给我描绘了未来,指明了努力的方向。

时间:2021年3月18日

地点:美国安克雷奇

天气:阳光明媚

今年恰逢农历辛丑年,只不过,这已经不是120年前的那个"辛丑"了,如今的我们有足够的勇气告诉别人,中国强大了,谁也别想居高临下与中国对话。中美高层战略会议上,杨洁篪的话掷地有声。看着新闻的我和爸爸一言不发,热血依然在我们心中涌动,但我们却没有和周围那些年轻人一样欢呼雀跃。因为我们已然明白了,中国如今的强盛足以让我们有足够底气回应任何挑战。

　　只有年轻和热血,永远不是成熟的模样;冷静克制而有足够的实力,才是成熟的模样。

　　**范例点评**:文中叙述"我"对"成熟"的不同理解,写出一个孩子从不成熟到成熟的过程。文章采用新颖独特的日记体形式,从一个孩子的成长入手,列举了几次重大事件来写他对"成熟"的深刻认识,先写热血青年能力不够只能发泄愤懑,再写实力强大的时候才能冷静应对,写出了"成熟"应该有的模样。

经典范例

## 谁是最可爱的人

魏　巍

　　在朝鲜的每一天,我都被一些东西感动着;我的思想感情的潮水,在放纵奔流着;我想把一切东西都告诉给我祖国的朋友们。但我最急于告诉你们的,是我思想感情的一段重要经历,这就是:我越来越深刻地感觉到谁是我们最可爱的人!

　　谁是我们最可爱的人呢?我们的战士,我感到他们是最可爱的人。

　　也许还有人心里隐隐约约地说:你说的就是那些"兵"吗?他们看来是很平凡、很简单的哩,既看不出他们有什么高深的知识,又看不出他们有什么丰富的感情。可是,我要说,这是由于他跟我们的战士接触太少,还没有了解我们的战士:他们的品质是那样的纯洁和高尚,他

们的意志是那样的坚韧和刚强,他们的气质是那样的淳朴和谦逊,他们的胸怀是那样的美丽和宽广!

让我还是来说一段故事吧。

还是在二次战役的时候,有一支志愿军的部队向敌后猛插,去切断军隅里敌人的逃路。当他们赶到书堂站时,逃敌也恰恰赶到那里,眼看就要从汽车路上开过去。这支部队的先头连就匆匆占领了汽车路边一个很低的光光的小山冈,阻住敌人。一场壮烈的搏斗就开始了。敌人为了逃命,用了32架飞机、10多辆坦克发起集团冲锋,向这个连的阵地汹涌卷来,整个山顶的土都被打翻了,汽油弹的火焰把这个阵地烧红了。但是,勇士们在这烟与火的山冈上,高喊着口号,一次又一次把敌人打死在阵地前面。敌人的死尸像谷个子似的在山前堆满了,血也把这山冈流红了。可是敌人还是要拼死争夺,好使自己的主力不致覆灭。这场激战整整持续了8个小时。最后,勇士们的子弹打光了。蜂拥上来的敌人占领了山头,把他们压到山脚。飞机掷下的汽油弹把他们的身上烧着了火。这时候,勇士们是仍然不会后退的呀,他们把枪一摔,向敌人扑去,身上帽子上呼呼地冒着火苗,把敌人抱住,让身上的火,也把占领阵地的敌人烧死。……据这个营的营长告诉我,战后,这个连的阵地上,枪支完全摔碎了,机枪零件扔得满山都是。烈士们的遗体,保留着各种各样的姿势,有抱住敌人腰的,有抱住敌人头的,有掐住敌人脖子把敌人摁倒在地上的,和敌人倒在一起,烧在一起。有一个战士,他手里还紧握着一个手榴弹,弹体上沾满脑浆;和他死在一起的美国鬼子,脑浆迸裂,涂了一地。另一个战士,嘴里还衔着敌人的半块耳朵。在掩埋烈士遗体的时候,由于他们两手扣着,把敌人抱得那样紧,分都分不开,以致把有些人的手指都掰断了。……虽然这个连伤亡很大,他们却打死了300多敌人,更重要的,他们使得我们部队的主力赶上来,聚歼了敌人。

这就是朝鲜战场上一次最壮烈的战斗——松骨峰战斗,或者叫书堂站战斗。假若需要立纪念碑的话,让我把带火扑敌和用刺刀跟敌人拼死在一起的烈士们的名字记下吧。他们的名字是:王金传、邢玉堂、王文英、熊官全、王金侯、赵锡杰、隋金山、李玉安、丁振岱、张贵生、崔玉亮、李树国。还有一个战士,已经不可能知道他的名字了。让我们的烈士们千载万世永垂不朽吧!

这个营的营长向我叙说了以上的情形,他的声调是缓慢的,他的感情是沉重的。他说在阵地上掩埋烈士的时候,他掉了眼泪。但是,他接着说:"你不要以为我是为他们伤心,不,我是为他们骄傲!我觉得我们的战士太伟大了,太可爱了,我不能不被他们感动得掉下泪来。"

朋友,当你听到这段英雄事迹的时候,你的感想如何呢?你不觉得我们的战士是可爱的吗?你不以我们的祖国有着这样的英雄而自豪吗?

我们的战士,对敌人这样狠,而对朝鲜人民却是那样的爱,充满国际主义的深厚热情。

在汉江北岸,我遇到一个青年战士,他今年才21岁,名叫马玉祥,是黑龙江青冈县人。他长着一副微黑透红的脸膛,高高的个儿,站在那儿,像秋天田野里一株红高粱那样淳朴可爱。不过因为他才从阵地上下来,显得稍微疲劳些,眼里的红丝还没有退净。他原来是炮兵连的。有一天夜里,他被一阵哭声惊醒了,出去一看,是一个朝鲜老妈妈坐在山冈上哭。原来她的房子被炸毁了,她在山里搭了个窝棚,窝棚又被炸毁了。回来,他马上到连部要求调到步兵连去,正好步兵连也需要人,就批准了他。我说:"在炮兵连不是一样打敌人吗?""那,不同!"他说,"离敌人越近,越觉着打得过瘾,越觉着打得解恨!"

在汉江南岸阻击敌人的日子里,有一天他从阵地上下来做饭。刚一进村,有几架敌机袭过来,打了一阵机关炮,接着就扔下了两个大燃烧弹。有几间房子着了火,火又盛,烟又大,使人不敢到跟前去。这时候,他听见烟火里有一个小孩子哇哇哭叫的声音。他马上穿过浓烟到近处一看,一个朝鲜的中年男人在院子里倒着,小孩子的哭声还在屋里。他走到屋门口,屋门口的火苗呼呼的,已经进不去人,门窗的纸已经烧着。小孩子的哭声随着那滚滚的浓烟传出来,听得真真切切。当他叙述到这里的时候,他说:"我能够不进去吗?我不能!我想,要在祖国遇见这种情形,我能够进去,那么,在朝鲜我就可以不进去吗?朝鲜人民和我们祖国的人民不是一样的吗?我就踹开门,扑了进去。呀!满屋子灰洞洞的烟,只能听见小孩哭,看不见人。我的眼也睁不开,脸烫得像刀割一般。我也不知道自己的身上着了火没有,我也不管它了,只是在地上乱摸。先摸着一个大人,拉了拉没拉动;又向大人的身后摸,才摸着小孩的腿,我就一把抓着抱起来,跳出门去。我一看小孩子,是挺好的一个小孩儿啊。他穿着小短褂儿,光着两条小腿儿,小腿儿乱蹬着,哇哇地哭。我心想:'不管你哭不哭,不救活你家大人,谁养活你哩!'这时候,火更大了,屋子里的家具什物也烧着了。我就把他往地上一放,就又从那火门里钻了进去。一拉那个大人,她哼了一声,我就使劲往外拉,见她又不动了。凑近一看,见她脸上流下来的血已经把她胸前的白衣染红了,眼睛已经闭上。我知道她不行了,才赶忙跳出门外,扑灭身上的火苗,抱起这个无父无母的孩子。……"

  朋友,当你听到这段事迹的时候,你的感觉又是如何呢?你不觉得我们的战士是最可爱的人吗?

  谁都知道,朝鲜战场是艰苦些。但战士们是怎样想的呢?有一次,我见到一个战士,在防空洞里,吃一口炒面,就一口雪。我问他:"你不觉得苦吗?"他把正送往嘴里的一勺雪收回来,笑了笑,说:"怎么能不觉得?我们革命军队又不是个怪物。不过我们的光荣也就在这里。"他把小勺儿干脆放下,兴奋地说,"就拿吃雪来说吧。我在这里吃雪,正是为了我们祖国的人民不吃雪。他们可以坐在挺豁亮的屋子里,泡上一壶茶,守住个小火炉子,想吃点什么就做点什么。"他又指了指狭小潮湿的防空洞说,"再比如蹲防空洞吧,多憋闷得慌哩,眼看着外面好好的太阳不能晒,光光的马路不能走。可是我在这里蹲防空洞,祖国的人民就可以不蹲防空洞啊,他们就可以在马路上不慌不忙地走啊。他们想骑车子也行,想走路也行,边遛达边说话也行。只要能使人民得到幸福,就是我们最大的幸福。所以——"他又把雪放到嘴里,像总结似的说"我在这里流点血不算什么,吃这点苦又算什么哩!"我又问:"你想不想祖国啊?"他笑起来:"谁不想哩,说不想,那是假话,可是我不愿意回去。如果回去,祖国的老百姓问,'我们托付给你们的任务完成得怎么样啦?'我怎么答对呢?我说'朝鲜半边红,半边黑',这算什么话呢?"我接着问:"你们经历了这么多危险,吃了这么多苦,你们对祖国对朝鲜有什么要求吗?"他想了一下,才回答我:"我们什么也不要。可是说心里话——我这话可不一定恰当啊,我们是想要这么大的一个东西……"他笑着,用手指比个铜子儿大小,怕我不明白,"一块'朝鲜解放纪念章',我们愿意戴在胸脯上,回到咱们的祖国去。"

朋友们,用不着多举例,你们已经可以了解我们的战士是怎样一种人,这种人有一种什么品质,他们的灵魂多么地美丽和宽广。他们是历史上、世界上第一流的战士,第一流的人!他们是世界上一切伟大人民的优秀之花!是我们值得骄傲的祖国之花!我们以我们的祖国有这样的英雄而骄傲,我们以生在这个英雄的国度而自豪!

亲爱的朋友们,当你坐上早晨第一列电车驰向工厂的时候,当你扛上犁耙走向田野的时候,当你喝完一杯豆浆提着书包走向学校的时候,当你坐到办公桌前开始这一天工作的时候,当你往孩子口里塞苹果的时候,当你和爱人一起散步的时候……朋友,你是否意识到你是在幸福之中呢?你也许很惊讶地说:"这是很平常的呀!"可是,从朝鲜归来的人,会知道你正生活在幸福中。请你意识到这是一种幸福吧,因为只有你意识到这一点,你才能更深刻了解我们的战士在朝鲜奋不顾身的原因。朋友！你是这么爱我们的祖国，爱我们的伟大领袖毛主席，你一定会深深地爱我们的战士——他们确实是我们最可爱的人！

范例点评：《谁是最可爱的人》是著名军旅作家魏巍从朝鲜战场归来后所著的一篇报告文学，最先于1951年4月11日在《人民日报》刊登，后入选中学语文课本，大学《范文读本》，影响了数代中国人。此文也可作为一篇写好以写人为主的记叙文最直观的教材或模板。

此文突出的优点如下：

**1. 突出的中心**

写好以写人为主的记叙文的首要点就是要把人物思想品质写出来，本文标题中的"最可爱"即是本文要表达的中心，如何突出此中心？本文通过松骨峰战斗、志愿军战士马玉祥救朝鲜儿童、"我"与小战士谈话三个材料从三个方面分别写出志愿军战士的革命英雄主义精神、国际主义精神、爱国主义精神，同时也写出志愿军战士纯洁和高尚的品质、坚韧和刚强的意志、淳朴和谦逊的气质、美丽和宽广的胸怀，从而突出中心。

**2. 选材的典型性**

本文为了写志愿军的英雄主义精神，选择的材料是松骨峰战斗，写志愿军的国际主义精神，选择的材料是志愿军战士马玉祥救朝鲜儿童，写志愿军的爱国主义精神，选择的材料是"我"与小战士。

**3. 细节的生动**

松骨峰战斗中，志愿军弹尽粮绝后，"扑""抱""掐""摁""衔"等动词不重复，写出了志愿军杀敌的方式，从细节之处生动地写出志愿军战士的革命英雄主义精神。

**4. 精美的语言**

比如结尾"亲爱的朋友们，当你坐上早晨第一列电车驰向工厂的时候，当你扛上犁耙走向田野的时候，当你喝完一杯豆浆、提着书包走向学校的时候,当你坐到办公桌前开始这一天工作的时候,当你往孩子口里塞苹果的时候,当你和爱人一起散步的时候……朋友,你是否意识到你是在幸福之中呢?"是组排比句,写出了志愿军战士在前线流血牺牲为后方百姓带来的安宁与幸福生活,赞美幸福生活实际上也是对志愿军战士的赞美。

**5. 适当的点睛之笔**

比如开头"他们的品质是那样的纯洁和高尚,他们的意志是那样的坚韧和刚强,他们的气质是那样的淳朴和谦逊,他们的胸怀是那样的美丽和宽广"是组排比句,也是议论句,抒发出作者对志愿军的赞美之情,同时也写出志愿军战士的品质,这几句也是文章的主旨句,点睛之笔。

**6. 严谨的结构**

文章第 2 段开头"谁是我们最可爱的人呢?我们的战士,我感到他们是最可爱的人。"一句是点题句并与标题照应。文章第 8 段"朋友,当你听到这段英雄事迹的时候,你的感想如何呢?你不觉得我们的战士是可爱的吗?你不以我们的祖国有着这样的英雄而自豪吗?"是议论句,也是文章主体部分第一层的点睛句和小结句,突出了松骨峰战斗所反映出的志愿军战士的品质。第 9 段"我们的战士,对敌人这样狠,而对朝鲜人民却是那样的爱,充满国际主义的深厚热情。"一句则是承上启下句。后面两层也有相同的语句,结尾一段突出中心,整篇文章结构严谨,一气呵成。

 **经典范例**

## 一件小事

鲁 迅

我从乡下跑到京城里,一转眼已经六年了。其间耳闻目睹的所谓国家大事,算起来也很不少;但在我心里,都不留什么痕迹,倘要我寻出这些事的影响来说,便只是增长了我的坏脾气,——老实说,便是教我一天比一天的看不起人。

但有一件小事,却于我有意义,将我从坏脾气里拖开,使我至今忘记不得。

这是民国六年的冬天,大北风刮得正猛,我因为生计关系,不得不一早在路上走。一路几乎遇不见人,好容易才雇定了一辆人力车,教他拉到S门去。不一会,北风小了,路上浮尘早已刮净,剩下一条洁白的大道来,车夫也跑得更快。刚近S门,忽而车把上带着一个人,慢慢地倒了。

跌倒的是一个女人,花白头发,衣服都很破烂。伊从马路边上突然向车前横截过来;车夫已经让开道,但伊的破棉背心没有上扣,微风吹着,向外展开,所以终于兜着车把。幸而车夫早有点停步,否则伊定要栽一个大斤斗,跌到头破血出了。

伊伏在地上;车夫便也立住脚。我料定这老女人并没有伤,又没有别人看见,便很怪他多事,要自己惹出是非,也误了我的路。

我便对他说,"没有什么的。走你的罢!"

车夫毫不理会,——或者并没有听到,——却放下车子,扶那老女人慢慢起来,挽着臂膊立定,问伊说:

"你怎么啦?"

"我摔坏了。"

我想,我眼见你慢慢倒地,怎么会摔坏呢,装腔作势罢了,这真可憎恶。车夫多事,也正是自讨苦吃,现在你自己想法去。

车夫听了这老女人的话,却毫不踌躇,仍然挽着伊的臂膊,便一步一步地向前走。我有些诧异,忙看前面,是一所巡警分驻所,大风之后,外面也不见人。这车夫扶着那老女人,便正是向那大门走去。

我这时突然感到一种异样的感觉,觉得他满身灰尘的后影,刹时高大了,而且愈走愈大,须仰视才见。而且他对于我,渐渐的又几乎变成一种威压,甚而至于要榨出皮袍下面藏着的"小"来。

我的活力这时大约有些凝滞了,坐着没有动,也没有想,直到看见分驻所里走出一个巡警,才下了车。

巡警走近我说,"你自己雇车罢,他不能拉你了。"

我没有思索的从外套袋里抓出一大把铜元,交给巡警,说,"请你给他……"

风全住了,路上还很静。我走着,一面想,几乎怕敢想到自己。以前的事姑且搁起,这一大把铜元又是什么意思?奖他么?我还能裁判车夫么?我不能回答自己。

这事到了现在,还是时时记起。我因此也时时熬了苦痛,努力的要想到我自己。几年来的文治武力,在我早如幼小时候所读过的"子曰诗云"一般,背不上半句了。独有这一件小事,却总是浮在我眼前,有时反更分明,教我惭愧,催我自新,并且增长我的勇气和希望。

范例点评:《一件小事》是鲁迅发表于1919年12月1日出版的《晨报》增刊上的一篇作品,叙写的是知识分子"我"从一个富有责任担当的人力车夫身上看到了改变积贫积弱旧中国面貌的希望和获得改造自己力量的故事。此文作为小说收入鲁迅小说集《呐喊》,此文也可作为一篇典范的以记事为主的记叙文来读,把这篇文章作为写好以记事为主的记叙文最直观的教材或模板也是十分合适的。

此文突出的优点如下:

**1. 叙事完整**

本文是篇以记事为主的记叙文,记叙六要素完整。时间:"民国"六年的冬天的一个早晨。地点:到京城S门的路上。人物:"我"。事情的起因:到京城S门的路上,人力车夫的车把挂着"从马路上突然向车前横截过来"的一个女人,女人倒地。事情的经过:"我"觉得此交通事故微不足道,人力车夫没有啥责任,完全可以一走了之。那女人说

"摔坏了",有讹人之嫌,"装腔作势罢了,这真可憎恶"。可人力车夫听完那女人的话后,"却毫不踌躇,仍然搀着伊的臂膊,便一步一步的向前走",去巡警分驻所"投案自首",担起责任。事情的结果:人力车夫作为社会底层人身上的责任心深深地震撼了"我",同时榨出"我"皮袍下面藏着的"小"(自私)来。

**2. 中心突出**

本文结尾"独有这一件小事,却总是浮在我眼前,有时反更分明,教我惭愧,催我自新,并且增长我的勇气和希望"等语句是议论句,也是文章的主旨句。通过此段议论,道出旧中国这位普通国民的品质对"我"的触动,也许是这个触动,让"我"燃起拿起笔去尝试唤醒麻木国民,改变旧中国的勇气和信心。

**3. 结构严谨**

本文结尾"这事到了现在,还是时时记起。我因此也时时熬了苦痛,努力的要想到我自己。几年来的文治武力,在我早如幼小时候所读过的'子曰诗云'一般,背不上半句了"与文章开头"我从乡下跑到京城里,一转眼已经六年了。其间耳闻目睹的所谓国家大事,算起来也很不少;但在我心里,都不留什么痕迹,倘要我寻出这些事的影响来说,便只是增长了我的坏脾气,——老实说,便是教我一天比一天的看不起人"等语句照应,结构严谨。

**4. 心理描写细腻生动**

"我料定这老女人并没有伤,又没有别人看见,便很怪他多事,要自己惹出是非,也误了我的路""我想,我眼见你慢慢倒地,怎么会摔坏呢,装腔作势罢了,这真可憎恶"写出我的自私心理。"车夫多事,也正是自讨苦吃,现在你自己想法去"写出我幸灾乐祸心理。

"我这时突然感到一种异样的感觉,觉得他满身灰尘的后影,刹时高大了,而且愈走愈大,须仰视才见。而且他对于我,渐渐的又几乎变成一种威压,甚而至于要榨出皮袍下面藏着的'小'来"写出"我"对人力车夫的钦佩及自省心理。

 经典范例

## 春

朱自清

盼望着,盼望着,东风来了,春天的脚步近了。

一切都像刚睡醒的样子,欣欣然张开了眼。山朗润起来了,水涨起来了,太阳的脸红起来了。

小草偷偷地从土里钻出来,嫩嫩的,绿绿的。园子里,田野里,瞧去,一大片一大片满是的。坐着,躺着,打两个滚,踢几脚球,赛几趟跑,捉几回迷藏。风轻悄悄的,草软绵绵的。

桃树、杏树、梨树,你不让我,我不让你,都开满了花赶趟儿。红的像火,粉的像霞,白的像雪。花里带着甜味儿;闭了眼,树上仿佛已经满是桃儿、杏儿、梨儿。花下成千成百的蜜蜂嗡嗡地闹着,大小的蝴蝶飞来飞去。野花遍地是:杂样儿,有名字的,没名字的,散在草丛里,像眼睛,像星星,还眨呀眨的。

"吹面不寒杨柳风",不错的,像母亲的手抚摸着你。风里带来些新翻的泥土的气息,混着青草味儿,还有各种花的香,都在微微润湿的空气里酝酿。鸟儿将窠巢安在繁花嫩叶当中,高兴起来了,呼朋引伴地卖弄清脆的喉咙,唱出宛转的曲子,与轻风流水应和着。牛背上牧童的短笛,这时候也成天在嘹亮地响。

雨是最寻常的,一下就是三两天。可别恼。看,像牛毛,像花针,像细丝,密密地斜织着,人家屋顶上全笼着一层薄烟。树叶子却绿得发亮,小草也青得逼你的眼。傍晚时候,上灯了,一点点黄晕的光,烘托出一片安静而和平的夜。乡下去,小路上,石桥边,有撑起伞慢慢走

着的人;还有地里工作的农夫,披着蓑,戴着笠的。他们的草屋,稀稀疏疏的,在雨里静默着。

天上风筝渐渐多了,地上孩子也多了。城里乡下,家家户户,老老小小,他们也赶趟儿似的,一个个都出来了。舒活舒活筋骨,抖擞抖擞精神,各做各的一份事去。"一年之计在于春",刚起头儿,有的是工夫,有的是希望。

春天像刚落地的娃娃,从头到脚都是新的,他生长着。

春天像小姑娘,花枝招展的,笑着,走着。

春天像健壮的青年,有铁一般的胳膊和腰脚,他领着我们上前去。

范例点评:该文创作时间大约在1933年间。此时作者朱自清刚刚结束欧洲漫游回国,与陈竹隐女士缔结美满姻缘,而后喜得贵子,同时出任清华大学中国文学系主任,人生可谓好事连连,春风得意。《春》描写讴歌了一个生机勃勃的春天,它更是朱自清心灵世界的一种逼真写照。朱自清在这篇仅仅30个句子的简短散文中,运用了20多处修辞手法,频率之高,令人惊诧。作品是以"春"贯穿全篇,由盼春、绘春、颂春三个部分组成,逐层深入、环环相扣。而作者正是以修辞格来作为《春》的"颜料",淋漓尽致地描绘出那幅五彩缤纷的早春图。

## 专题 13
# 这样写说明文

## 一、说明文写作基础知识

(一)说明文定义以及分类

**1. 定义**

说明文是说明事物特征或阐明事理,以说明为主要表达方式的文章体裁。说明文一般介绍事物的形状、构造、类别、关系、功能等。解释事物的原理、含义、特点、演变等。

**2. 分类**

说明文实用性很强,它包括广告、规则、章程、说明书、解说词、科学小品等。如果从内容上分,说明文可分为事物说明文和事理说明文。如果从表达方式上分,可以分为平实说明文和科学小品文。

(1)事物说明文:以具体事物为说明对象,将事物是"怎样的"作为说明重点,对事物的状态、性质、功能、构造、发展变化等特征,进行科学说明。

(2)事理说明文:以事物的发生、发展变化以及相互联系的成因等为说明对象的说明文,说清"怎么样"和"为什么",使人不仅知其然,还要知其所以然。

(3)平实性说明文:以平实、简洁、明白的语言对事物的外形、内部结构、功用及种属关系加以较客观的说明,用词造句一般不带感情色彩和主观倾向，很少使用修辞手法。

(4)科学小品文：它是以科学知识为内容，以说明为主要表达方式的一种情文并茂的说明文。与其他说明文不同的是，这种说明文具有很强的文学性，是科学性与文学性双重的产物，寓科学性于趣味性之中。

(二)说明文六要素

说明对象、说明对象特征、说明语言、说明方法、说明顺序、说明结构被称为说明文六要素。

**1. 说明对象**

要说明的对象包括事物或事理两种。

**2. 说明对象特征**

特征是某一事物区别于其他事物的标志。说明对象如果是事物，须抓住的特征有形状、构造、性质、方位、种类、习性、功能、用途等。

说明对象如果是事理，须抓住的特征有概念、来源、成因、规律、方法等。

**3. 说明语言**

准确、简洁、平实或生动。

**4. 说明方法**

说明文的说明方法包括举例子、分类别、下定义、摹状貌、作比较、作诠释、打比方、列数字、画图表、引资料等。

(1)举例子。举出实例进行说明，使内容具体化。

(2)分类别。把被说明对象按一定的标准分成不同的类别，一类一类地加以说明。

(3)下定义。用简明的语言来揭示说明对象的本质特征，从而更科学、更本质、更概括地揭示事物的特征或事理。下定义能准确揭示事物的本质，是科技说明文常用的方法。

(4)摹状貌。为了使被说明对象更形象、具体，可以进行状貌摹写，这种说明方法叫"摹状貌"。

(5)作比较。通过比较说明事物和事理。

(6)作诠释。从一个侧面，就事物的某一个特点做些解释。

(7)打比方。要说明某些抽象的或者人们比较陌生的事物时，可以用具体的或者大家已经熟悉的事物和它比较，使读者通过比较得到具体而鲜明的印象。

(8)列数字。用准确的数据说明事物的某些方面。

(9)画图表。为了把复杂的事物说清楚，还可以采用图表法，来弥补单用文字表达的缺欠，对有些事物解说更直接、更具体，使读者直观，一目了然地了解事物的特征。

(10)引资料。资料的范围很广，可以是经典著作、名家名言、公式定律、典故谚语等。这种方法叫"引资料"。

**5. 说明顺序**

说明顺序包括时间顺序、空间顺序、逻辑顺序。

时间顺序多用于介绍事物的发展变化过程、制作工序等。空间顺序是指按照事物的空间方位进行说明。一般从上到下、从前到后、从中间到两边等，常用于介绍建筑物或物品。逻辑顺序是介绍事理时通常采用的顺序，具体指由主到次，由原因到结果，由现象到本质，由特征到用途，由一般到个别，由概括到具体，由整体到局部等。凡是阐述事物、事理间的各种因果关系或其他逻辑关系的，按逻辑顺序写作最为适宜。

**6. 常见的说明结构**

常见的说明结构有总分式、并列式、连贯式、递进式等。

## 二、说明文写作基本技能

写说明文，要根据事物的特点来写，说明文是客观的说明事物的一种文体,目的在于给人以知识:或说明事物状态、性质、功能等特征,或解说事物的发展变化,或阐述某一种道理,或解说事物之间的关系。

**1. 认真观察说明对象,抓住对象的特征**

不管哪一篇说明文,都有一个明确的说明对象,或者是事物,或者是事理。明确说明对象,有助于明确写作目标,抓住事物的特点。

写说明文必须对被说明事物有完整的认识。要做到这一点,就要认真观察,深入了解。我们可先列提纲,带着问题逐步观察,随手作笔记和图示。观察时要理清主次,主要掌握概括性观察和特写性观察方法。

**2. 按照一定的顺序有条理性地说明**

事物说明文要体现事物本身的特征,事理说明文要揭示事理的本质规律,只有紧盯"特征""规律",遵循恰当的说明顺序、采用恰当的说明方法,才能让读者清楚明白地获得知识、增长见识。

注意使用说明顺序的词语或语句。每一种说明顺序,都有一定的标志性词语。如时间顺序,需要把事物发展的先后环节说清楚,同时可以使用一些表示次序的词语,如"首先""接着""最后"等;以空间为序,要运用表示方位的词语,如"东""西""南""北""里""外""左""右";以逻辑为序,可使用"首先""其次""再次"等表示逻辑顺序的词语。恰当地运用这些词语,能够使说明语言显得自然清晰,给读者一个明确的思路。

**3. 选择合适有效的说明方法**

说明文的写作方法多种多样,诸如为了使事物的特征给读者留下总体印象,可采用下定义的方法;为了把事物或事理说清楚,可以采取举例子、列数据的方法;为了把事物或事理说得既准确又形象,可以采用描述的方法;为了把一些难以用语言表述清楚的事物说明白,可以用比较的说明方法,用人们熟悉的事物来比较,引导人们由此及彼地认识新事物。另外,还有列图表、引资料、分类别等说明方法。在具体的文章中,究竟采用哪种说明方法,要根据所要说明的事物特征及作者对事物的认识来定,不可随心所欲地乱用。

【例】(课堂作文)

常识对于我们的生活、学习都很重要。它们有些是对自然现象的总结,如"朝霞不出门,晚霞行千里";有些与文化相关,如中国古代宫殿建筑多采用对称布局;有的则凝结着人生的某些经验,如"帮助别人是提高自己最有效的途径"。

这些常识的背后其实都存在某些事理,试以"常识中的'理'"为话题,写一篇800字左右的说明文,题目自拟。

 经典范例

### 蚂蚁搬家蛇过道,大雨不久要到

佚名

"蚂蚁搬家蛇过道,大雨不久要到。"这是汇聚中国农民实践智慧的一句传统谚语。

这句谚语是说,如果碰到蚂蚁搬家或者是蛇横穿马路,那么明天就有大概率下大雨。但是,蚂蚁和蛇都是在陆地上爬行的,它们的行为又为什么能够成为人们预判天气的依据呢?在古代,由于农业是第一生产力,天气预报就显得尤为重要。古人往往通过观察某些自然事物去预判天气,体现出古人对于日常生活的细致观察以及超凡的智慧。这其中也隐藏着某些科学道理。

通过查阅资料我们发现,蚂蚁是因为对下雨的预判而知道自己的窝极有可能被冲刷,所以急着搬家,而蛇是因为急于躲避大雨而不择路线,从而频繁地抄近路,从而难免"乱入"到人类的道路上来,所以就

出现"蛇过道"的现象。

可是蚂蚁和蛇并没有先进的天气预报技术,也没有谁给它们通风报信,它们又是怎么知道即将有大雨到来的呢?原来,蚂蚁搬家的根本原因是蚂蚁通过触角感知到空气湿度的变化,从而对下雨具有预警功能,搬家主要是搬运泥土堵住洞口,防止雨水灌入洞中。而作为爬行动物的蛇,在下雨前,空气里的湿度大大增加,包括地底空隙里空气的湿度也是大大上升,蛇通过皮肤感受到这种湿闷,从而感知到天将要下雨,于是爬出地面透气,并寻找新的安全的栖息处。

然而,伟大的劳动人民并不知道这些科学背景,只是单纯地凭借自己的生活经验得到这些道理。这不难发现,中国人民的智慧绝不是凭空捏造出来的,相反,大多数都是与生活实践密切相关的,生活经验成为理论认识的基础。就算没有先进的科学设备作为基础,只要拥有一双善于发现规律的眼睛,一个善于总结反思的头脑,具有善于总结规律的品质,也能够创造出非凡的智慧来。

今天,在科学飞速发展的时代大背景下,有些人却慢慢放弃了用眼睛探寻事物规律、用勤劳解决现实问题的优良传统,高度依赖于科学技术,一味追求方便省事。先进的科学技术不应该成为我们"躺平"的理由,而应当成为我们继承优良传统、向自然规律、宇宙奥秘的更深处探寻的台阶。这或许是这句古代谚语给我们的重要启示。

范例点评:这篇文章属于事理说明文,主要说明"蚂蚁搬家蛇过道,明日必有大雨到"这一谚语背后所蕴含的科学道理,层层阐释,探究原因,找寻规律。先从字面上简要解释这一谚语所揭示的天气道理;然后以设问引入,探究"蚂蚁搬家蛇过道"的天气原因;接着又以设问过渡,探究这一谚语背后的科学原理,说明蚂蚁与蛇对湿度变化的敏锐感知能力,揭示蚂蚁与蛇的行动与天气变化的因果联系;最后阐说这一谚语背后蕴含着的古人生活智慧及对今人科学研究的重要启示。

## 专题 14
# 这样写议论文

## 一、议论文写作基础知识

### （一）议论文定义

议论文是一种剖析事理，论述事理，发表意见，提出主张，以议论为主要表达方式的文体。

### （二）议论文三要素

论点、论据、论证被称为议论文的三要素。

**1. 论点**

论点就是作者对所论述的事物或者问题的主张、看法和所持的态度。论点是一篇议论文的中心观点，也是文章的灵魂。它统领全文，决定着材料的选择和论证方法的使用。论点首先要正确、鲜明，其次要新颖、深刻。要做到论点鲜明，我们在写作前就要有一个明确的立意，这就是意在笔先的道理，通常用一句话在文章的首段明确地摆出。

**2. 论据**

论据是指用来证明论点的材料，包括事例论据和理论（名言警句等）论据。

**3. 论证**

（1）定义：论证指引用论据来证明论点真实性的过程，是由论据推出论点所使用的推理形式。

(2)论证方法。常见的论证方法有以下几种:①举例论证:指通过列举确凿、典型的事例证明论点的论证方法,这是一种最基本、最常见的论证方法,优点在于说服力较强,易于被读者接受。②引用论证(道理论证):指引用名家名言等作为论据来分析问题、讲清道理的论证方法。③对比论证:拿正反两方面的论点或论据作对比,在对比中证明论点。其作用是增强论证的鲜明性,能给人留下深刻的印象。④比喻论证:是一种用具体、生动、形象的事物作比喻,来证明较抽象道理的论证方法。就是用打比方的方法来讲道理。其作用是把道理讲得更浅显易懂,使人容易接受,且使论述生动形象,有感染力。⑤归谬论证(归谬法):是采用"以子之矛攻子之盾"的批驳方法,先假设对方的论点或论据是正确的,然后加以引申,得出荒谬的结论,以此来证明对方论点的谬误,归谬论证也称"反证法"。

(3)论证方式。论证方式分立论和驳论两种。立论就是运用充分有力的证据从正面直接证明自己论点正确的论证形式。驳论是指通过揭露和驳斥错误的、反动的论点或论据来说明自己论点正确的方式。

(三)常见议论文论证结构

开头:提出问题(是什么)——引论

主体:分析问题(为什么)——本论

结尾:解决问题(怎么办)——结论

## 二、议论文写作基本技能

简言之,好的议论文须有明确的论点,典型的论据,清晰的论证结构,严密的逻辑,准确的语言。议论文的标题要有特色,开头部分提出问题,简洁明了。主体部分分析问题,条理清晰。结尾部分解决问题,严谨有力。具体写法见本书专题7—12页。

**【例】**(2022年高考语文北京卷)

阅读下面的材料,根据要求写作,不少于700字。

古人说,"学不可以已",重视学习是中华民族的优良传统。在当代中国,人们对学习的理解与古人有相同之处,也有不一样的地方。

请以"学习今说"为题目,写一篇议论文。可以从学习的目的、价值、内容、方法、途径、评价标准等方面,任选角度谈你的思考。

要求:论点明确,论据充实,论证合理;语言流畅,书写清晰。

 经典范例

## 学习今说

北京一考生

现如今,每当提起"学习"二字,人们最先想到的无非就是与学习相关的书籍、教师、学生、教室等类似的词汇了。今天,我想与大家交流一下我对学习途径的认识。

大文豪高尔基曾说过:"书籍是人类进步的阶梯。"确实,书籍对于学习来说是不可缺少的,可是,学习不应局限于书。通过书籍学习固然重要,但仅限于书本的学习,却是狭隘的。我们应拓宽学习途径。

首先,可从他人身上学习。人的成长会受到身边人的影响。"孟母三迁"中的孟母便是为了让儿子接触到良好的学习环境,与有良好学习风气的孩子交往而三次搬迁,从而使儿子在潜移默化中受到好的影响。正所谓"近朱者赤,近墨者黑",倘若你身边有礼貌谦让的朋友,长时间相处下来,你自然会逐渐注重自身的礼仪。

其次,学习需要面向自然,自然中蕴含着造物者留下的哲理。达尔文观察自然,通过对不同地区的地貌、地形和当地动植物的考察,领悟出优胜劣汰、物竞天择的自然原理,写下轰动世界的《物种起源》;徐霞客四处游历,结合不同地区的地形、地貌和风土人情,写下了闻名遐迩的《徐霞客游记》;连朴实的农谚"燕子低飞要下雨",也是人们观察自然而得到的知识。学习需要广阔的空间,而自然是最纯粹的学习宝库,多多观察自然,你的思维深度、知识视野必将得到扩展。

最后,学习还需要实践。从书本中学到的知识总归属于理论,而通过实践我们便可以将其转化为自身经验。著名物理学家伽利略通过实验推翻了"物体的运动需要力来维持"的观点;明代著名医药学家李明珍从小立志悬壶济世,一生尝遍百草,终于完成了被誉为"东方医药巨典"的《本草纲目》。司马迁继承父亲遗志走访各地以求证党的历史,考察风俗和收集传说,他的足迹遍布全国,耗尽毕生精力写下了史学巨著《史记》,被鲁迅誉为"史家之绝唱,无韵之《离骚》"。

学习是一门深奥的"学问",书籍只是众多方式中的一种。所以,学习不能止步于书本,应当扩大学习的途径,从他人、自然和实践等方面来进行。

范例点评:本文是篇比较规范的议论文,首段用对比手法引出本文核心话题"学习",并提出问题——对学习途径的认识;文章主体部分用"首先""其次""最后",显示出清晰的层次,三层分别"从他人身上学习""学习需要面向自然""学习还需要实践"回答了文章开头的问题,结尾一段是解决问题,照应开头,首尾圆合,结构严谨。

# 实践篇

## 积诚泮群疑,实践激众喻

  写好作文不光需要懂得相关写作理论,更要注重写作实践,正如语文教育家叶圣陶先生所言,"只有写,才会写"。本板块侧重于写作实践。从高考命题与评卷实际来看,议论文更受青睐,故本板块六个专题分别重点阐述议论文如何拟题,如何写好议论文开头、结尾,如何安排好议论文主体部分结构,如何选择论据,如何说理更有逻辑性等知识。

# 专题 15
# 这样写作文标题

## 一、作文标题的重要性

古语有"题好一半文"之说,意思是有了好的标题即文章成功的一半。如果把文章比作一个美人,那么题目便是美人的眼睛,"明眸善睐""回眸一笑百媚生"便是对眼睛作用的形象概括,好的题目能够让人眼前一亮,有先声夺人之效。

## 二、拟题方法指津

(一)拟题原则

**1. 切合文章主旨**

题目是文章的眼睛,要做到文题一致。同时,题目还要和材料观点保持一致,不能偏离材料。

**2. 符合文体要求**

如题目"多给青少年成长的空间""文学改良刍议"便具有议论文的特征,"我的恩师""我的阅读故事"则是记叙文的题目。

**3. 新颖、精练、有文采**

①新颖就是要做到视角新、思路新、立意新;②精练就是要做到简洁明了,一是题目要短,一般不超过 10 个字,二是要从小处入手,有针对性,不可太宽泛;③有文采,指标题要有寓意,有内涵,还要典雅、有诗意。

(二)话题作文或材料作文拟题原则

话题作文或材料作文一般都要求考生自己拟题,拟题水平高低是作文水平高低的直接表现。高质量的标题一定是紧扣话题作文中的话题及材料作文中材料所蕴含的中心话题,其次是尽可能做到深刻、新颖或者出彩。

话题作文或材料作文拟题"七优法"。

1. 话题论点型
2. 话题论点修辞型
3. 主副标题型
4. 题记型
5. 诗词典雅型
6. 设问句型
7. 核心关键词凸显型

【例1】以话题"诚信"为例

1. 话题论点型:诚信无价
2. 话题论点修辞型:诚信如金
3. 主副标题型:

　　诚信如金——为中国商人建言

4. 题记型

　　诚信如金

　　人而无信,不知其可。

　　　　　　　　　　——题记

5. 诗词典雅型:金钱诚可贵　诚信价更高
6. 设问句型:诚信吃亏吗?
7. 核心关键词凸显型:诚信·成功

**【例2】以话题"勤奋"为例**

1. 话题论点型:天道酬勤
2. 话题论点修辞型:勤奋是通向成功的阶梯
3. 主副标题型:

    天道酬勤——为莘莘学子建言

4. 题记型:

    天道酬勤

    书山有路勤为径。

    ——题记

5. 诗词典雅型:业精于勤荒于嬉
6. 设问句型:勤奋与小聪明哪个更重要?
7. 核心关键词凸显型:勤奋·成功

**【例3】(2019年高考语文全国Ⅰ卷)**

阅读下面的材料,根据要求写作。

"民生在勤,勤则不匮",劳动是财富的源泉,也是幸福的源泉。"夙兴夜寐,洒扫庭内",热爱劳动是中华民族的优秀传统,绵延至今。可是现实生活中,也有一些同学不理解劳动,不愿意劳动。有的说:"我们学习这么忙,劳动太占时间了!"有的说:"科技进步这么快,劳动的事,以后可以交给人工智能啊!"也有的说:"劳动这么苦,这么累,干吗非得自己干? 花点钱让别人去做好了!"此外,我们身边也还有着一些不尊重劳动的现象。

这引起了人们的深思。

请结合材料内容,面向本校(统称"复兴中学")同学写一篇演讲稿,倡议大家"热爱劳动,从我做起",体现你的认识与思考,并提出希望与建议。要求:自拟标题,自选角度,确定立意;不要套作,不得抄袭;不得泄露个人信息;不少于800字。

材料解读:此作文属于材料作文,"劳动"是此材料的核心话题,拟题时务必紧扣话题"劳动"。

立意参考:

1. 话题论点型:劳动光荣

2. 话题论点修辞型:劳动是通向成功的阶梯

3. 主副标题型:

  劳动无价——为莘莘学子建言

4. 题记型:

  劳动无价

  劳动是人生的财富之源。

          ——题记

5. 诗词典雅型:劳动可以兴国,逸豫可以亡身

6. 设问句型:智能时代就不需要劳动了吗?

7. 核心关键词凸显型:劳动·成功

## 专题 16
## 这样写作文开头

### 一、作文开头的重要性

古语有"一年之计在于春,一日之计在于晨"之说,化用到作文可以这么说,"一文之计在于首"。好的开头同样能够给人耳目一新之感。

### 二、开头方法指津

(一)开头原则

**1. 简洁**

古人作文有"凤头""猪肚""豹尾"之说,"凤头"的意思是文章的开头要像凤凰的头一样好看。就现行高考作文而言,一般有不少于800字的字数要求,一篇考试作文,字数一般在 850－950 之间为宜,如果以 850 字的作文为例,开头一般在 100 字左右为佳,尽量不超过 150 字,超过 150 字就会给人"猪头"(臃肿)之感。

**2. 明了**

就议论文而言,开头明确摆出观点是种理想的写法,高考作文更应如此。

**3. 严谨**

文章的开头须跟文章的标题、主体部分或者文章的结尾部分相呼应,能给人严谨之感,而"严谨"是文章基础等级中"结构"维度的最高标准。

### 4. 出彩

"出彩"有广义、狭义之说。广义是指新颖、深刻、有文采;狭义是指有文采。所谓的"有文采"是指句式上的整齐,比如排比句的运用,也可以是多种修辞的综合运用,尤其是比喻句的运用。

## (二)作文开头的方法

就议论文而言,开头的方法有多种,以简驭繁,笔者认为较为实用的是议论文"四优"开头法,即开门见山法、由问题切入法、由材料切入法、繁花似锦法。

### 1. 开门见山法

"开门见山"是个成语,比喻说话写文章直截了当,引用到写作中的开门见山是指写文章直奔主题。

示例:我主张将我们全党的学习方法和学习制度改造一下。其理由如次:

——毛泽东《改造我们的学习》

《改造我们的学习》是 1941 年 5 月 19 日毛泽东在延安干部会上的讲话,是延安整风运动的纲领性文件。此文开头直奔主题,不啰嗦,不绕弯,直截了当,在战争年代,此类写法尤为可贵。

### 2. 由问题切入法

由问题切入的开头法是指文章一开始由一问句切入或陈述某一个具体问题,之后针对这一问题提出自己的观点的方法。这种开头法的好处是针对性强,同时也能激发读者阅读兴趣。

示例:人的正确思想是从哪里来的?是从天上掉下来的吗?不是。是自己头脑里固有的吗?不是。人的正确思想,只能从社会实践中来,只能从社会的生产斗争、阶级斗争和科学实验这三项实践中来。人们的社会存在,决定人们的思想。而代表先进阶级的正确思想,一旦被群众掌握,就会变成改造社会、改造世界的物质力量。人们在社会实践中从事各项斗争,有了丰富的经验,有成功的,有失败的。无数客观外界的现象通过人的眼、耳、鼻、舌、身这五个官能反映到自己的头脑中来,开始是感性认识。这种感性认识的材料积累多了,就会产生一个飞跃,变成了理性认识,这就是思想。

——毛泽东《人的正确思想是从哪里来的?》

《人的正确思想是从哪里来的?》是毛泽东同志上世纪60年代初写的一篇重要的哲学论文。此文在开头首先提出了三个问题,激发起人们阅读的兴趣与思考的热情,是很经典的由问题切入式开头法。

### 3. 由材料切入法

"由材料切入法"中的"材料"可以是名言、故事或者是材料作文中的材料,议论文"由材料切入法"是指由与中心有关的材料切入,之后提出自己观点的开头法。这种开头法很适合材料作文,材料作文的"要求语"中一般都有"不要脱离材料的内容与含意"的语句,而写此类作文的开头运用"由材料切入法"是稳妥的写法,符合此类作文的"不要脱离材料的内容与含意"要求,这也是应试文取得高分的必要条件。

示例1:俗话说:"一勤天下无难事。"唐代文学家韩愈说:"业精于勤。"学业的精深造诣来源于勤。

——林家箴《说勤》

此语段是林家箴教授的议论文《说勤》的开头部分,由一句俗话和韩愈的一句名言切入,这两句话都强调了"勤"的重要性,由此引出了本篇文章要阐述的中心论点:学业的精深造诣来源于勤。

示例 2：(2011 年合肥市高三教学质量检测)阅读下面的文字，根据要求作文。

漫画大师丰子恺曾挥毫画了幅《卖羊图》：一个农人牵着两只羊，到羊肉馆卖给老板。不料，一位农民看了，却连连摇头，笑着说："多画了一条绳子。"丰子恺听了，回过头来又仔细看看自己的画，想不通：两条绳子牵两只羊，哪里多了绳子？这时，那个农民告诉他："牵羊只需牵头羊，不管多少只，只要一条绳子就够了！"丰子恺叹服。

上面的文字，引发了你怎样的联想或感悟？请根据你的联想或感悟写一篇文章，不少于 800 字。

示例：农人的一席话，令漫画大师丰子恺叹服：牵羊只需牵头羊！这样简单朴实的一句话，在我们身边，却有普适的意义：面对复杂的问题，应当抓住其关键着手解决，关键突破了，其他问题也都将迎刃而解。（开头）

本文开头也是从材料切入，抓住了材料感触点农人"牵羊只需牵头羊"，由特殊性道理"牵羊只需牵头羊"生发出普适性道理：面对复杂的问题，应当抓住其关键着手解决，关键突破了其他问题也都将迎刃而解。此开头简洁明了，中心突出，立意深刻。

**4. 繁花似锦法**

"繁花似锦式法"，是指议论文开头运用多种修辞或者语句精美典雅的开头法。此开头法的好处是文章有文采，读者第一印象好，高考评卷时此类文章易得高分。

示例：如果人生是一部史书，只有相信自己并听取别人意见的人才能品味出它的浩荡；如果人生是一泓清泉，只有相信自己并听取别人的意见的人才能品尝出它的甘洌；如果人生是一首乐曲，只有相信自己并听取别人的意见的人才能谱出优美的旋律。

此文为2004年高考语文全国卷作文"相信自己与听取别人意见"的开头部分,开头部分用了排比与比喻修辞,紧扣话题,观点明确。

## 专题 17
# 这样写作文结尾

## 一、作文结尾的重要性

古人作文有"豹尾"之说,即结尾要有力。如何有力?简洁、新颖、严谨、深刻。

## 二、结尾方法指津

### (二)结尾一般原则

**1. 简洁**

高考作文"要求语"一般有不少于 800 字的要求,从高考实践来看,字数一般在 850—950 之间为宜,如果以 850 字的作文为例,结尾一般在 100 字左右为佳,尽量不超过 150 字。

**2. 新颖**

新颖的结尾表现形式多种多样,如突转式(欧·亨利式),这种结尾出人意料,给人惊喜与顿悟;留有余味式(含蓄式、引人遐想式),此种结尾给人余音绕梁之感;出彩式(典雅式),结尾运用多种修辞或者精美的语句,给人有文采之感。

**3. 严谨**

文章的结尾如果能跟文章的标题、文章的主体部分或者文章的结尾部分照应,就能给人以严谨之感,前文强调过"严谨"是文章基础等级中"结构"维度的最高标准。

**4. 深刻**

文章的结尾卒章显志,在结尾表明写作意图或者突出中心等。

## 三、"五优"结尾法

记叙文有记叙文特有的结尾法,说明文有说明文特有的结尾法,议论文有议论文特有的结尾法,每种文体都有多种结尾法,此处重点介绍议论文五种比较经典的结尾方法,姑且称为"五优"结尾法。

**1. "应题式"结尾**

"应题式"结尾,顾名思义是指结尾与文章标题相照应的写法,此种结尾法能显示文章结构的严谨。

示例:请带着感动出发,在暴雨中为他人撑一把伞,在黑夜中为他人点一盏灯。带着感动出发,我们的世界将永远是晴天,永远充满光明。(结尾)

文章结尾"请带着感动出发"与标题"带着感动出发"相照应,结构严谨。

**2. "应首式"结尾**

"应首式"结尾,顾名思义是指结尾与文章开头相照应的写法,此种结尾法能显示文章结构的严谨。

示例:相信自己,是一种坚守,如天山雪峰上妙丽的雪莲,固守自己的高度;倾听别人意见,是一种智慧,如诸葛孔明七擒孟获的欲擒故纵,智慧的光芒照亮四方。我相信自己,同时,我有一副善于倾听的耳朵。(开头)

相信自己,我有我的原则,我的背囊中有一件坚守的法宝。善于倾听,我把智慧集中,我的行囊中有一双善倾听的耳朵。(结尾)

此文结尾"相信自己""善于倾听"与开头"相信自己""倾听别人意见"相呼应,结构严谨。

### 3. "出彩式"结尾

"出彩式"结尾,是指结尾运用了多种修辞或者精美语句的结尾法,好处是使文章发展等级"有文采"。

示例:相信自己并听取别人的意见如丝丝春雨,可以催开真情的花苞;如结实的绳索,可以助你登上成功的峰顶;如滔滔巨浪,可以托起事业的巨轮。(结尾)

此结尾运用比喻、排比修辞,说理形象生动,语言有气势,这些修辞大大增强了说理的效果。

### 4. "结词式"结尾

"结词式"结尾,是指结尾出现结论性词,如"因此""所以""总之""综上所述""一言以蔽之"等,这些词是显性的结论性词,表明此语段是某一层次或者是全文的结论。

示例:对于国家而言,开阔眼界同样十分重要。清朝时由于统治者的腐败无能、盲目自大,长期实行着闭关锁国政策,对外界一无所知。这也导致了我国综合国力急剧下降,我国逐步落后于时代潮流。然而,在上一世纪七十年代末,中国共产党意识到了开阔眼界、放眼世界的重要性,开始实施改革开放的政策,这一正确决策让我国广泛吸收了国外先进技术,促进了我国经济水平的飞速提升。综上所述,开阔眼界对国家来说同样重要,开阔眼界助力国家走向辉煌。(结尾)

此语段是议论文《开阔眼界,走向成功》一文主体部分的一个层次,"综上所述"是结论性词,表明结论性词之后的语句"开阔眼界对国家来说同样重要,开阔眼界助力国家走向辉煌"是本层次的小结。

### 5. "号召式"结尾

"号召式"结尾,文章结尾针对中心议题发出号召,以解决问题,显示议论文结构"提出问题—分析问题—解决问题"的完整性。

示例：正值大好青春时期的我们，要注意不断地开阔自己的眼界，不断地汲取新知识，从事新实践，让开阔眼界助力我们走向成功！（结尾）

此语段是议论文《开阔眼界，走向成功》一文结尾部分，结尾部分向当代青年发出号召"要注意不断地开阔自己的眼界，不断地汲取新知识，从事新实践，让开阔眼界助力我们走向成功"。号召式结尾多为祈使句，此语段就是如此。

## 专题 18
## 这样安排议论文主体部分结构

### 一、议论文主体部分结构的重要性

对议论文结构的认识一般有三个维度,第一维度,知晓议论文全文须按照"提出问题—分析问题—解决问题"或者"引论—本论—结论"结构写作,多数高中生能掌握此写法,这是入门层级;第二维度,知晓议论文主体结构如何安排,如横式结构、纵式结构、对照式结构等,写作水平较高的高中生一般能掌握此写法;第三维度,知晓议论文主体部分某一小层结构如何安排,议论如何展开,一般只有写作水平很高的高中生才能做到这一点。

文章的结构是作者思维的外化,结构严谨往往是作者思维缜密的外在表现,结构严谨是评判一类文的重要依据,所以高中生需熟练掌握议论文结构尤其是主体部分结构安排的方法。

### 二、议论文主体部分结构安排的一般原则

**1. 清晰**

议论文主体部分是采用横式结构、纵式结构还是对照式结构,在构思时必须考虑好。比如,在写以"劳动"为话题的作文时,如果文章中心是阐述劳动的重要性,写"劳动可以养德""劳动可以励志""劳动

可以健体"三层,这就是横式结构(并列式结构);如果主体部分是写"劳动是什么""为什么劳动重要""如何劳动"三层,这就是纵式结构(递进结构);如果主体部分是写"重视劳动的好处""不重视劳动的害处"两层内容,这就是对照式结构。

**2. 灵活**

议论文主体部分可以采用某一种结构,也可以兼用几种结构,根据表达的需要,灵活运用。

### 三、几种经典的议论文主体部分结构

**1. 横式结构(并列式结构)**

横式结构是指议论文主体部分各层次之间是并列关系,是从某一层面不同角度去阐明观点,层与层没有隶属关系,顺序改变一般也不影响意思的表达。

**2. 纵式结构**

纵式结构是指议论文主体部分各层次之间是递进关系,根据客观事理的内在联系,由浅入深、层层推进来阐明中心论点。递进式结构的方法有很多,这里主要介绍两种常见思路:一种是"由浅到深""由小到大""由次到主""由现象到本质""由具体到抽象""由物质到精神""由个人到社会""由局部到整体",分论点之间有逻辑梯度;另一种是由原因分析结果,或是由结果分析原因,即我们常说的从"是什么"说到"为什么",再说到"怎么样"。递进式结构能使问题的剖析如层层剥笋,步步深入,说理如螺旋上升。从高考评卷实践来看,此类型结构容易得到赏识。

**3. 对照式结构**

对照式结构是指议论文主体部分两层次是对比、对照关系,对照

式又叫"正反式结构"。主体部分的两个层次从正反两面阐述事理,对照式结构的好处是鲜明,即让读者鲜明地判断出事理的正误、真伪,从而让读者准确地接受作者要阐述的事理。

**4. 总分式结构**

总分式结构是指议论文主体部分是总分关系,先总的提出观点,然后分几个层次论述。如2024年高考语文新课标Ⅰ卷某考生文章主体部分所采用的总分结构。

总:随着科技的发展,人工智能在各个领域的应用越来越广泛。

分:(1)在教育领域,人工智能可以为教师提供个性化的教育方案,为学习者提供个性化的学习资源。

(2)在医疗领域,人工智能可以帮助医生进行疾病诊断和制定治疗方案。

(3)在交通领域,人工智能可以优化交通流量管理,减少拥堵,也能帮助出行者选择最佳出行方案。

**5. 分总式结构**

分总式结构是指议论文主体部分是分总关系,先一层一层地论述,然后进行小结。

**6. 总分总式结构**

总分总式结构是指先总提,然后分论,最后作结。

## 四、层内结构两种经典类型

**1."总分总"三步型**

议论文全文结构一般按照"提出问题—分析问题—解决问题"思路安排,其实议论文主体部分的某一小层次也可以按照"提出问题—分析问题—解决问题"思路安排,这样提取出来的议论文主体部分的某一小层次也就相当于一篇微缩型的小论文。我们把这样的结构称为"总分总"型结构。

以"理性看待科技,客观看待问题"这个标题的一个段落层次示例。

综上所述,青年们要在互联网和AI的帮助下,培养自己的好奇心和求知欲,不断拓宽知识视野。在追求知识的过程中,保持独立思考和创新精神,解决人生中、社会发展中一个个疑难问题。

此语段是2024年高考语文新课标Ⅰ卷优秀作文《理性看待科技,客观看待问题》一文的结尾部分,"综上所述"是结论性词语,表明此词之后的语句是全文的结论,这也凸显了文章结构的完整性与严谨性。

**2."精释精析"五步型**

"精释精析"五步型由以下五步或五层构成:观点句(分论点句)+阐释句+论据句+分析句+小结句。

以"识时务者为俊杰"这个标题的一个段落层次示例。

只有定一个切合实际的目标,才能带领你到达理想的彼岸(第1层:观点句)。所谓切合实际,就是从自身的实际情况出发,不浮夸,不空想。只有定下这样的目标,才可以支撑我们的思想,释放我们的活力,鼓舞我们的希望;从而引领我们通向成功的道路(第2层:对观点语句的解说)。面对着经济贫穷落后,国人思想麻木的旧中国,鲁迅定下了唤醒国人的目标,他弃医从文,发奋写作,被后人誉为"民族魂"。面对选民平静的表情和缺乏热情地鼓掌,李光耀定下了学习中文的目标,他争分夺秒,勤学苦练,终于凭着中文演讲引起选民共鸣而当选为新加坡总理。面对着遭人冷眼、受人凌辱的处境,勾践定下了复仇雪耻的目标,他忍辱负重、卧薪尝胆,终于成为春秋霸主(第3层,举例)。

如果鲁迅没有根据实际情况定下唤醒国人的目标,而是为了写作而写作,他能写出一篇篇发人深省的文章吗?如果李光耀没有根据实际情况定下学习中文的目标,而是盲目竞选,他能成为受人敬仰的总理吗?如果勾践没有根据实际情况定下复仇雪耻的目标,而是苟且偷生,他能成为一代霸主吗?(第4层:例后分析)可见,我们无论干什么事情固然要有目标,但更重要的是能否根据实际情况确立目标,因为这才是成败的关键(第5层:照应段首观点句,总结全段)。

 写作指津

一个标准的议论文主体部分分层段落该如何构成呢?一般可分五层(五步)。

第1层(第1步):分论点句

第2层(第2步):阐释句(例前说明)

①正面解释观点句

②反面肯定观点句

③引用名言证实观点句的正确

④综合运用以上几种方法

第3层(第3步):论据句(摆事实讲道理)

①正面事实或道理

②反面事实或道理

③正反事实或道理

第4层(第4步):分析句(对事实或道理论据的分析)

①因果分析法

②正反分析法

③假设分析法

第5层(第5步)：小结句(照应段首观点句，总结全段)。

在段内层次的写作中，一般以段首句分论点为一层，段末句小结为一层，其余的是主体层次。主体层次多以举例与说理为主。

以下结合所选语段做分析。

第1层：提出分论点"只有定一个切合实际的目标，才能带领你到达理想的彼岸"。

第2层：阐释分论点，"所谓切合实际，就是从自身的实际情况出发，不浮夸，不空想。只有定下这样的目标，才可以支使我们的思想，放出我们的活力，鼓舞我们的希望；从而引领我们通向成功的道路"。这一层属于正面阐释观点句。正面阐释分论点标志性词语："所谓……，就是……只有……，才可以……"。

第3层：段内摆了三个事实，分别是鲁迅、李光耀、勾践的例子，三个事实从正面证明了分论点。摆事实可以证明论点，名人名言也可以证明论点，摆事实、讲道理可以从正面，也可以从反面。

第4层：本层用假设分析法，分析三个事实。"如果鲁迅没有根据实际情况定下唤醒国人的目标，而是为了写作而写作，他能写出一篇篇发人深省的文章吗？如果李光耀没有根据实际情况定下学习中文的目标，而是盲目竞选，他能成为受人敬仰的总理吗？如果勾践没有根据实际情况定下复仇雪耻的目标，而是苟且偷生，他能成为一代霸主吗？"假设分析法是先提出一个确凿的论据或者虚假的论据，以推出相应的结果，来证明论点的正确或荒谬。假设分析一般是从反面来证明论点。除此之外，还有因果分析法，因果分析法就是从逻辑的因果关系上对材料进行分析，用原因与结果的必然联系来证明论点的正确性，因果分析法是探究本质的一种分析方法。常见的分析法还有正反分析法,正反分析法就是把正面论据或观点与反面论据或观点对照起来分析。正反分析,对比鲜明,能起到证明观点、深化观点的作用。

第5层:用"可见,我们无论干什么事情固然要有目标,但更重要的是能否根据实际情况确立目标,因为这才是成败的关键"总结全段,照应段首观点句,其中"可见"一词是结论性词。

附录:五种常用分析法

①正反分析法:即从正反两个方面对事进行分析,以强化论点。语言标志有"没有……,而是……""不仅没有……,反而……"等。

示例:挚爱的丈夫不幸死去,这无异于晴天霹雳在李易安的头上炸响。从此再没有福气比翼双飞共修《金石录》,新婚时娇问丈夫画眉深浅的幸福时刻也一去不复返。面对这样的变故,李清照没有化作明日黄花在西风中凄凄惨惨戚戚,而是勇敢地跨过了这道坎,在飘零的南宋活出了一个顽强美丽的易安居士(上海卷满分作文《必须跨过这道坎》)。

②假设分析法:即对事例进行反向假设分析,以揭示论据和论点之间的内在联系。语言标志有"试想……""如果(倘使假如)……,那么(就)……""若无……,怎能……"等。

示例:"三人成虎事多有,众口铄金君自宽"。面对网络谣言,我们决不能坐以待毙,等待着谣言"不攻自破"和"谣言止于智者"。毕竟,我国有8.6亿网民,面对网络的纷杂世界,网民有时无法辨认真假,如果不及时正确对待网络谣言现状,久而久之人们对网络的失望,就会从线上转为线下,甚者引发社会信任危机(假设分析法)。网络要言论自由,但不要造谣自由(正反分析法),自由是一种权利,也是一种责任。

③因果分析法:即分析事实产生的原因,这个原因就是所要证明的观点。语言标志有"正因为如此……,所以……""之所以……,是因为……"等。

示例:自信是使平凡蜕变成伟大的金钥匙。著名数学家陈景润,语言口头表达能力差,教书吃力,不合格。但他发现自己长于科研,于是增添了自信,致力于数学研究,后来终于成为著名的数学家(北京卷满分作文《我有一双隐形的翅膀》)。

④引申类比法:把列举的事例加以引申或类比,联系实际,以突出其观点的现实意义。语言标志有"都如那样""……尚且如此,……又何尝不是这样……""以此类推""反观现实,亦是如此"等。

示例:英国数学家多番维尔倾注了三十多年的精力,把圆周率值推算到小数点后八百多位。可是后人发现,他在第三百多位时就出了错误,也就是说,他后面二十几年的努力都是白费。科学是容不得半点马虎的,多番维尔如果能在推算过程中经常客观地审查自己的步骤和数据,就可能不会留下这个遗憾了。科学如此,人生又何尝不是这样?常常听人后悔自己某件事做得不好,什么不该做;事后再多的悔恨也于事无补,我们应该从中吸取教训,对"出"的意义有一个更好的认识(考场优秀作文《人生的"出"与"入"》)。

⑤揭示实质法:列举出属性相同相关的几个事例之后,对其进行归纳升华,点明论据所包含的道理,揭示出论据与论点之间的逻辑联系,突出论点。语言标志有"这些事例充分证明了……""由此可见……""他们无不说明了……"等。

示例:史学家司马光写《资治通鉴》花了19年;相声艺术宗师侯宝林为学"谐语"手抄过一部10多万字的《谐浪》;俄国大作家托尔斯泰写《战争与和平》花了27年;德国著名医生欧立希连续试验914

次,终于研制出治疗人体内锤虫和抗螺旋体病菌的新药——新胂凡纳明。这些事例充分证明了古今中外无数有成就的人之所以取得事业的成功,秘诀就在于他们有恒心和毅力(考场优秀作文《恒心和毅力是成功之本》)。

## 【例1】

阅读下面的材料,根据要求写一篇不少于800字的文章。

从前,一个渔夫在一口池塘捕鱼,第一天捕到几条大鱼,第二天继续在这口池塘捕鱼,捕到几条小鱼;第三天还在这口池塘捕鱼,捕到几只小虾;第四天仍在这口池塘捕鱼,结果啥都没有捕到。

要求:选好角度,确定立意,明确文体(诗歌除外),自拟题目;不要脱离材料内容及含意的范围作文,不要套作,不得抄袭;不得透露个人相关信息,书写规范,正确使用标点符号。

 经典范例

### 开阔眼界,走向成功

佚名

一个渔夫日复一日地在一口水塘里捕鱼,开始还有所收获,几天后便一无所获,固化思维使然。试想一下,若他每日都换个地方或者直接去海边捕鱼,结果又会如何呢?他一定会收获颇丰吧。这启迪我们:只有不断开阔眼界,方可助力我们走向成功。

对于个人来说,开阔眼界让我们有更好的发展机遇,从而助力我们走向成功。原先在翻译和书法方面有卓越成就的周汝昌放宽眼界,开始了红学的研究,成为当代红学研究第一人;邓亚萍在乒乓球坛退役后继续深造,获得了许多人羡慕的学位,实现了她的人生价值;林则徐是中国近代史上著名的政治家、改革家和民族英雄。他在道光18

年被任命为钦差大臣,负责查禁鸦片。为了知己知彼,林则徐不仅亲自查访,还组织翻译了《广州周报》,编辑整理了《四洲志》。他通过这些资料,了解了西方的文化和情况,提出了"欲制外夷者,必先悉夷情始"的主张,并在实际行动中积极学习西方文化,被誉为近代中国"开眼看世界的第一人"。以上这些人都有着开阔的眼界,因此他们获得了良好的发展机遇,成就了辉煌人生。

对于国家而言,开阔眼界同样十分重要。清朝时由于统治者的腐败无能、盲目自大,长期实行着闭关锁国政策,对外界一无所知。这也导致了我国综合国力急剧下降,我国逐步落后于时代潮流。然而,在20世纪70年代末,中国共产党意识到了开阔眼界、放眼世界的重要性,开始实施改革开放的政策,这一正确决策让我国广泛吸收了国外先进技术,促进了我国经济水平的飞速提升。综上所述,开阔眼界对国家来说同样重要,开阔眼界助力国家走向辉煌。

反之,没有开阔眼界的意识便相当于故步自封,结果往往是自取灭亡。正如那井底之蛙,日复一日地在井底观赏着相同的风景却从未想过寻找方法开阔眼界,结果也只能是终老于井中。清朝的闭关锁国政策也是如此,只一味地盲目自大,不向别国学习先进科技,最终只落得被推翻的下场。由此可见,缺乏开阔眼界意识的后果是不堪设想的,开阔眼界在个人、社会、国家中不可缺少。

既然开阔眼界那么重要,作为高三学子的我们又该如何拓宽自己的视野呢?首先,多读书、读好书是必不可少的。古人云:读万卷书,行万里路。书是知识的海洋,我们可以在知识中开阔眼界。其次,实践是我们开阔眼界的又一重要途径。在实践中,我们可以汲取各种实用的知识,从而开阔眼界。相信做到多读书、多实践后,我们的视野将被大大拓宽。

正值大好青春时期的我们,要注意不断地开阔自己的眼界,不断地汲取新知识,从事新实践,让开阔眼界助力我们走向成功!

范例点评:此文是一篇材料作文,原材料讲述了一个渔夫死守一口池塘,最后落得无鱼可捕的下场。此文立意很精准,强调开阔眼界的重要性。此文主体部分结构灵活,第2、3自然段先写个人要开阔眼界,再写国家要开阔眼界,两层属于纵式结构;第3、4自然段从正反两方面阐述开阔眼界的重要性;第5自然段联系高三学子现实阐述开阔眼界的重要性,结构严谨。

## 专题 19
# 这样选择议论文论据

### 一、议论文论据选择的重要性

议论文论据的主要作用是支撑和证明论点的正确性与合理性,增强文章的说明力。有效的论据可以使论证更加有力,使读者更容易接受和认同作者的观点。

### 二、议论文论据选择的一般原则及方法

论据的作用是为了支撑和论证论点,选择论据的基本原则有四个:准、真、精、新。

**1. 准**

具有针对性,紧扣论点,支撑论点,与论点高度统一,而不是貌合神离,似是而非。

**2. 真**

具有可靠性,论据不能胡编乱造,不能断章取义,也不能和事实有出入。叙述的事实要注意人物、事件、地点、时间的准确性,引用别人的话要准确无误。

**3. 精**

具有典型性、全面性。

(1)典型性:典型性指论据要经典,且有代表性,不能有争议,要能

充分证明论点,论据的选择要能反映作者的价值追求,传输正能量,要尽量避免使用有争议的事例。

(2)全面性:论据的全面性是指论据跨越不同领域(政治、经济、军事、思想、文化等)、不同性质(正面、反面)、不同国别(中国、外国)、不同时间(古代、近代、现当代)等,简而言之,论据跨越古今中外,从而证明观点可以穿越时空,放之四海而皆准。

### 4. 新

具有鲜活性,充满时代气息,比如使用近年来感动中国的人物及事迹。

示例1:其实,古往今来,骄者必败的例子是不胜枚举的。吴王夫差骄傲轻敌,使越王勾践得以东山再起;楚霸王目中无人,使天下得而复失;明末起义军攻入北京后,由于不少人居功自傲,贪图安逸,使八旗军得以闯入中原。这桩桩事实,件件教训,我们都要引以为戒。(选自考生优秀作文《骄必败》)

吴王夫差、楚霸王、李自成三例,例例经典,很好地证明了文章的观点。

示例2:感情代替了理智,往往就是挫败代替功成。

"千载谁堪伯仲间"的诸葛亮英明一世,却在街亭这一关键战役中重用本无真才实学的马谡,致使其六出祁山寸功未建,成为千百年来任人唯亲者之鉴。

一代明君唐明皇即位之初,礼贤下士,励精图治,才有了开元盛世。后来却为了"一骑红尘妃子笑",不惜大兴土木,劳民伤财,荒废朝政,结果落得个"马嵬坡前草青青"的凄惨结局。

北宋神宗原本竭力支持当朝宰相王安石的变法之举,却经不住其祖母曹皇后(宋仁宗之妻)的眼泪软化,终于动摇了,灰心了,放弃了。一部利国利民的"青苗法"被付之一炬,十一世纪最杰的政治家的社会

理想化为泡影。(选自考生优秀作文《理智的重要性》)

短文列举诸葛亮、唐明皇、宋神宗三个典型事实,证明了感情用事会带来挫败。

【例】(2010年高考北京卷作文)

以"仰望星空与脚踏实地"为题,写一篇不少于800字的文章,除诗歌外,不限文体。

 经典范例

## 仰望星空与脚踏实地

北京一考生

仰望星空,感觉它很美,回过头来方知须脚踏实地而后才能仰望星空。

古往今来成大事者,必有脚踏实地的基础,然后经过一番努力才能收获成功。

汉高祖刘邦先前只是市井中一个被人看不起的小混混,然而他却胸怀大志一心想要做皇帝。吕太公也正是看中了他的雄才伟略,所以才将女儿吕雉许配给他。刘邦深知百姓在秦暴政的压迫下受尽苦头,凭着平民的出身他一举推翻了秦王朝,建立了仁政的汉室。

倘若刘邦不是脚踏实地一步步努力又怎么会有汉室的兴盛呢?

20世纪20年代,中国还是半殖民地半封建社会,积贫积弱,毛泽东等早期共产党人,以为人民谋幸福、为民族谋复兴为初心,开始了波澜壮阔的反帝反封建运动,战胜了日本帝国主义,打败了国民党反动派,建立了新中国,中国一步步走上强大。

倘若毛泽东等早期共产党人不是根据中国国情,采取科学战略,怎能让中国人民站起来呢?20世纪70年代,中国的经济落后,邓小平

根据中国的国情,实施改革开放政策,以经济建设为中心,中国经济取得了突飞猛进的进展,从一个贫穷落后的国家一跃成为世界第二大经济体。倘若邓小平不是脚踏实地地分析中国国情,制定合理规划,又怎会有今天如此繁荣昌盛的中国呢?

无论是刘邦、毛泽东还是邓小平,他们都有一个共同的特点:不光有着仰望星空的理想,更有脚踏实地的实干精神。不光是他们,古今中外的成功人士,都有这样的共性。

托尔斯泰脚踏实地六十年,打造出《战争与和平》;司马迁脚踏实地十五年,写出了千古传诵的《史记》;曹雪芹脚踏实地十年,使《红楼梦》达到中国古典小说的最高峰;中国人民脚踏实地两千年,"嫦娥二号"的成功发射使中国人民终于可以"仰望星空"。

这无一不向我们证明,要想成功,须仰望星空做人,脚踏实地做事。

希望每个人都能脚踏实地地仰望属于自己的星空。

范例点评:本文是篇议论文,首段提出"须脚踏实地而后才能仰望星空"的观点。主体部分选择汉高祖刘邦脚踏实地,力避秦王朝暴政,实行仁政,从而建立强大的汉朝;毛泽东带领中国人民站起来;邓小平根据中国国情,走中国特色社会主义道路,从而让中国走向强大。除此之外,文章主体部分末尾还概要引用了托尔斯泰、司马迁、曹雪芹、"嫦娥二号"等典型事实,三个论据跨越古今中外,论据典型,从而充分证明中心论点。

## 专题 20
# 这样说理更有逻辑性

### 一、议论文说理有逻辑性的重要性

思维是作文的根基,思维的细致程度,决定了语言的丰富程度;思维的深广度,决定了作文的思想深度;思维的逻辑层次,决定了作文结构严谨的程度。

一篇优秀的议论文应通过严谨地说理来折服人,考场中的一篇议论文如想受到评卷老师的青睐,斩获高分,一定要做到说理有条理、有逻辑、科学、严谨、缜密。

### 二、一般原则及方法

（一）一般原则

在逻辑思维规律中,同一律、矛盾律、排中律是三个最基本的规律。

同一律指在同一思维过程中,命题始终如一。就议论文而言,一篇议论文必须有一个明确的中心论点,前后如一,涉及概念的内涵、外延要前后一致。比如"中国人是热爱和平的"中的"中国人"既指古代中国人,又指现代、当代中国人,概念的内涵、外延要前后一致。

矛盾律指人们在同一思维过程中,一个命题不可能既是真的,又是假的。如某篇议论文的中心论点是"中国人是热爱和平的",如果"中国人是热爱和平的"是真命题,"中国人是热爱和平的"不可能又是个假命题。

213

排中律指在同一思维过程中,一个命题不可能既不是真的,又不是假的。如议论文的中心论点是"中国人是热爱和平的"不可能既不是真的,即"中国人不热爱和平",又不是假的,即"中国人是热爱和平的",二者不能同时存在。

(二)一般方法

**1. 用逻辑思维使段落说理充实有力**

(1)各段各层要有明确的段落中心

学生在写作文时,要清楚知道自己所创作文章的中心是什么,每段每层的角度又是什么,这样下笔时就会有明确的中心意识。为此,建议学生最好在全文第一段的末句,用一句话来提出论点,并在主体部分每段开头设置分论点,使段落中心更明显,从而使整个文章中心更突出。

(2)事例论证要有逻辑分析意识

许多学生作文时分析不足,或者仅罗列事实,这其实是一种逻辑分析意识缺乏的表现。强化逻辑思维意识,要求在摆完事例之后,围绕论点进行分析,常见的方法:因果分析法、假设分析法、对比分析法等。

(3)综合使用多种论证方法

既然是议论文,就应该靠严密的逻辑分析来折服读者。然而,要想使分析严密而富有逻辑,采用多种论证方法则是最佳途径。常见的论证方法如下:

①事实论证:用真实可靠的事例来证明中心论点,增强说服力、趣味性和权威性,让人觉得道理浅显易懂。如举中国是造桥王国,有"世界桥梁博物馆"的美称的例子,可以证明中国人是有能力冲击世界顶尖科技的。

②道理论证:用经典著作中的精辟见解,古今中外名人的名言警句以及人们公认的定理公式等来证明论点。如用"生于忧患,死于安乐"的语句证明人要有危机意识。

③对比论证：拿正反两方面的论点或论据作对比，在对比中证明论点。通常分为两类：类别法、对比法。如用清朝闭关锁国导致国运衰微与中国共产党改革开放政策带来国家繁荣富强两例做对比证明改革开放的重要性。

④比喻论证：是指议论文中，运用比喻，通过具体的事物来证明抽象的道理，使复杂的理论变得简单易懂的论证方法。比如鲁迅《拿来主义》用"鱼翅"比喻文化遗产中精华部分，"鸦片"比喻文化遗产中精华与糟粕部分，"烟枪和烟灯"比喻文化遗产中的旧形式。

⑤归谬法：以子之矛攻子之盾的论证法。比如甲说"流行的乐曲就是高尚的乐曲"，乙说"那么，流行感冒也是高尚的？"。乙用的是归谬法。

**2. 哲学思维使段落分析深刻透彻**

使用哲学原理，以说理见长；进行辩证分析，力争以理服人；增加议论的深度，增强论证的逻辑性。学会使用哲学思维进行分析，无疑是议论文写作制胜的法宝。

(1)一分为二的观点

"一分为二"，要求我们分析问题时，既要看到它的这一面，又要看到它的另一面；既要看到它的正面，又要注意它的反面。如高考作文《自信而不自负》。

(2)联系的观点

任何事物都不是孤立存在的，它总是和外界事物有着千丝万缕的联系。分析一个问题时，就要注意它和其他有关问题的联系。如高考作文《猪八戒为何不能照镜子》。

(3)发展的观点

辩证法认为，"发展"是事物运动最本质的特征。议论文写作，可抓住这一最本质的特征，透彻分析事物的矛盾运动和发展变化规律，这样思路就可以纵横捭阖，论述就会辩证有力。如高考作文《近墨者未必黑》。

(4)全面的观点

全面的观点指的是,既要分清主要的一面,又要关注次要的一面,明白主要矛盾决定事物的性质;同时也要清楚,主要矛盾和次要矛盾可以互相转化。全面观点中对人群的划分既包括个人、他人、团队、社会;对原因的划分包括主要原因与次要原因;对方法的划分包括主要方法与次要方法。如高考作文《既要仰望星空,又要脚踏实地》。

(5)由表及里的观点

分析问题从表层到深层,逐层分析,遵从由现象到本质的逻辑顺序。这样层层递进,思维深度不断向深层发展,文章说理就会充分而深刻。如2010年高考语文安徽卷作文《淡妆浓抹需相宜》。

从微观来说,要把握以下十种思辨原理。

| 哲学范畴 | 思辨关系 | 相关原理 |
| --- | --- | --- |
| 认识世界的基本规律 | 现象与本质 | 透过现象看本质 |
|  | 主观与客观 | 发挥主观能动性 |
|  | 感性与理性 | 感性上升到理性认识 |
| 从联系的角度看问题 | 原因与结果 | 因果互相关联 |
|  | 整体与部分 | 要有全局观念 |
| 从矛盾的角度看问题 | 个性与共性 | 个性服从共性 |
|  | 主要与次要 | 善于抓住要害 |
| 从发展的角度看问题 | 内因与外因 | 内因是关键 |
|  | 量变与质变 | 要注重积累 |
|  | 偶然与必然 | 偶然中有必然 |

(三)句子、段落之间衔接恰当,过渡自然

句子与句子之间、段落与段落之间的过渡衔接属于写作中语言表达的细节要求,看似无关紧要,实际上却影响很大,直接影响着一篇文章内部的逻辑构成。如文章主体部分"首先……,其次……,再次……,最后……"序数词的运用,再如"是什么……,为什么……,怎么办……"等显示思维螺旋上升词语的运用等,还有文章结尾结论性词的运用,如"总之""因此""综上所述""一言以蔽之"等。

 **写作指津**

议论文全文需按照"提出问题—分析问题—解决问题"或者"引论—本论—结论"思路写,这是写作议论文最基本的思路,议论文说理的周严或有逻辑性主要是针对议论文主体部分而言的,下面介绍做到主体部分说理周严的几个典型例子。

**1. 时间上的周严**

如文章主体部分按照"春夏秋冬""过去—现在—将来"或"古—今"等思路写作。

**2. 空间上的周严**

如文章主体部分按照"南方—北方""城市—乡村"或"国内—国外"等思路写作。

**3. 数量、范围上的周严**

如文章主体部分按照"个人—家庭(集体)—国家"等思路写作。

**4. 思维梯度上的周严**

如文章主体部分按照"是什么—为什么—怎么办"等思路写作。

**5. 思维角度上的周严**

如文章主体部分按照"正面—反面""物质—精神""德—智—体—美—劳""工业—农业—国防—教育—科技—卫生—体育"等思路写作。

【例】(2019年高考语文全国Ⅰ卷)

阅读下面的材料,根据要求写作。

"民生在勤,勤则不匮",劳动是财富的源泉,也是幸福的源泉。

"夙兴夜寐，洒扫庭内"，热爱劳动是中华民族的优秀传统，绵延至今。可是现实生活中，也有一些同学不理解劳动，不愿意劳动。有的说："我们学习这么忙，劳动太占时间了！"有的说："科技进步这么快，劳动的事，以后可以交给人工智能啊！"也有的说："劳动这么苦，这么累，干吗非得自己干？花点钱让别人去做好了！"此外，我们身边也还有着一些不尊重劳动的现象。

这引起了人们的深思。

请结合材料内容，面向本校（统称"复兴中学"）同学写一篇演讲稿，倡议大家"热爱劳动，从我做起"，体现你的认识与思考，并提出希望与建议。要求：自拟标题，自选角度，确定立意；不要套作，不得抄袭；不得泄露个人信息；不少于800字。

示例1：时间上的周严

主体部分提纲如下：

第1层：中国古人是重视劳动的

第2层：当今中国人仍需重视劳动

主体部分两层是从时间或者时代的角度写的，做到了说理的周严性。

示例2：数量、范围上的周严

主体部分提纲如下：

第1层：我们每个个人要重视劳动

第2层：我们每个家庭也要重视劳动

第3层：每个国家也要重视劳动

主体部分三层是从数量、范围角度写的，范围由小到大，做到了说理的周严性。

示例3:思维梯度上的周严

主体部分提纲如下:

第1层:什么是劳动?

第2层:为什么劳动如此重要?

第3层:怎样劳动?

主体部分三层是从思维梯度角度写的,回答了"是什么—为什么—怎么办",逐层深入,做到了说理的周严性。

示例4:角度上的周严

主体部分提纲如下:

第1层:重视劳动的好处

第2层:轻视劳动的害处

主体部分两层是从正反对比的角度写的,做到了说理的周严性。

示例5:角度上的周严

主体部分提纲如下:

第1层:重视劳动可以立德

第2层:重视劳动可以培智

第3层:重视劳动可以育体

主体部分三层是从劳动可以立德、培智、育体角度写的,横式展开,做到了说理的周严性。

## 后 记

  笔者从事中学语文教学达 37 年,期间初高中语文教材变动数次,但总觉得新老教材写作知识体系性不太完善,这也许是教材篇幅限制所致,因而我一直有创作一本体系完善、重点比较突出、比较适合中学生写作需要、能比较有效提升中学生写作水平书籍的愿望。2022 年暑假,我先后数次去书店做了调研,翻阅了近百本有关中学生作文写作的书,这些书各有各的亮点,也各有各的不足,粗略感觉这些书要么写作知识体系不完善,要么重难点不突出,等等。之后着手构思此书,一开始设计写四大块 23 个专题,在听取第二作者方立立老师、本书责任编辑杨序以及业界许多专家意见的基础上,压缩为现在的三大板块 20 个专题,三大板块从作文评价、作文理论、作文实践等角度去阐述写作的基础知识、基本技能。

  三年前,我主编出版了《这样读好书》一书,主要谈如何阅读整本书,三年后写的这本书是谈如何写作的,我想把此书作为上本书的姐妹书,因而给本书命名为"这样写作文",相信中学生认真阅读这两本书,能有效提升语文素养。

  本书第二作者方立立老师,20 年前,她刚从大学中文系毕业,我很荣幸担任她的指导老师,现在她青出于蓝,而胜于蓝,已成长为中国共产党安徽省第十一次党代会代表、中国共产党合肥市第十二次党代会代表、安徽省优秀青年教师、合肥市德育先进工作者、合肥市第九届专业技术拔尖人才、合肥市高中语文学科带头人、合肥市名师工作室领衔人。本书从策划,到一稿、二稿、三稿的修改,她作出了很大的贡献。有了她的大力协助,相信此书会增色不少。

此书从策划、构思、写作、编审到杀青,先后得到了安徽大学文学院院长、博士生导师吴怀东教授,安徽大学出版社刘德萍社长,安徽大学出版社杨序责任编辑,全国中语专委会学术委员会副主任、安徽中语会理事长杨桦老师,安徽师范大学文学院李平教授,巢湖一中正高级教师胡家曙,合肥一中正高级教师程丽华,淮北一中正高级教师陈超的大力支持,此外,还有其他许多朋友的帮忙,在此向他们致以最诚挚的感谢。

由于时间仓促,本人能力有限,本书难免存在种种不足,欢迎广大读者不吝提出宝贵的意见和建议。

叶守义<br>2024 年 11 月